李政道与杨振宁

顾迈男◎著

广东高等教育出版社
Guangdong Higher Education Press
·广州·

内容简介

本书分别回顾了李政道与杨振宁抗战童年、海外求学、不倦钻研、登顶诺奖、回报祖国的传奇人生。重墨描写了两位诺贝尔物理学奖得主与中国的情感联系，以及对新中国物理科学事业的巨大帮助。李政道与杨振宁在获得诺贝尔物理学奖时，国籍均为中国。书中素材主要来源为著名科技记者顾迈男的采访笔录，史料价值突出。

图书在版编目（CIP）数据

李政道与杨振宁/顾迈男著．—广州：广东高等教育出版社，2022.4（2022.7 重印）

ISBN 978－7－5361－7214－2

Ⅰ.①李… Ⅱ.①顾… Ⅲ.①李政道－生平事迹 ②杨振宁－生平事迹 Ⅳ.①K837.126.11 ②K826.16

中国版本图书馆 CIP 数据核字（2022）第 017402 号

李政道与杨振宁
LI ZHENGDAO YU YANG ZHENNING

出版发行	广东高等教育出版社
	地址：广州市天河区林和西横路
	邮政编码：510500　电话：(020) 87554153
	http://www.gdgjs.com.cn
印　刷	佛山市浩文彩色印刷有限公司
开　本	787 毫米×1 092 毫米　1/16
印　张	14.5
字　数	226 千
版　次	2022 年 4 月第 1 版
印　次	2022 年 7 月第 2 次印刷
定　价	38.00 元

部分照片来源于网络，因出版时间关系，未能联系到拍摄者或版权方。请版权持有人与出版社联系，以获取稿酬。

20世纪80年代本书作者顾迈男在中科院高能物理研究所采访李政道教授

20世纪80年代顾迈男（右1）在北京采访李政道夫人秦惠䇹（右2），图片最左边两位是朱光亚夫妇

1984年顾迈男在高能物理研究所请李政道教授审稿

20世纪80年代顾迈男在北京采访杨振宁教授（右1），左1为邓稼先夫人许鹿希

20世纪80年代顾迈男与杨振宁（右1）及邓稼先夫妇（右2、右3）合影

1987年10月顾迈男随杨振宁在北京八宝山公墓为邓稼先扫墓,从左向右依次是:顾迈男、九院负责人、中科院负责人周光召、杨振宁、国家科委负责人宋健、国防科委负责人伍绍祖、邓稼先夫人许鹿希

杨振宁与顾迈男在北京合影

初 李政道应丹麦A.玻尔教授之请（A.玻尔教授亦係 Nobel 奖得奖者，其父 N.Bohr 係原子构造的创立者。）去讲学。8日由丹麦他夫人秦惠䇹同来

48

年龄最小的得奖者

1957年12月8日下午，李政道和杨振宁的飞机降落在斯德哥尔摩的机场上。（杨振宁夫妇另坐机抵瑞典。）

飞机着陆后，欢迎的人群蜂拥而至，她们当中有瑞典外交官、瑞典皇家科学院和诺贝尔奖金委员会的代表，还有中国驻瑞典大使馆的文化参赞。

"李政道！杨振宁！李政道！杨振宁！"

李、杨二位和欢迎者握手问好州，机场上忽然

第47页

传来了一阵急切的呼喊声。原来是中国著名物理学家张文裕，受中国政府的委托，专程从北京经莫斯科飞到斯德哥尔摩对李、杨表示祝贺的。这天，张文裕见欢迎的人多去，挤不进去，便隔着人群在远处大声的呼唤起来。<u>李政道和张文裕教授在美国已同过多次面有联合上过学</u>，李、杨都听过张文裕讲授的物理<u>课，且张文裕也是西南联大的教授，可算是李政道在昆明时候的老师</u>。1956年，张文裕和他的妻子、著名理<u>学教授已任去了美国</u>。论物理学家王承书以美国回国不久，便接到美国著名物理学家邬林的亮来信说，李政道、杨振宁取得了重大成就，他们提出的弱相互作用

李政道教授根据诺贝尔物理学奖颁奖典礼的真实情况，对稿件做了补充和修改

请转交顾
迈南先生

迈南先生：

　　承李家祥由中请转下"雪窗萤"一文。阅后深知您为写此文一定化了很多精神、心血和时间。五感。

　　托家祥转上您寄下的原手稿，和其複本。在複本上我作一些非常细节的更改。此外再附上一九八七年中国高等科技中心成员们的论文著作录。其中一般成员（32名；22位是国外最近得博士回来的，10位是中国的博士）是年轻的学者。我想您必一定高兴看到他们已经陆续有所成功。恩若祝我祝
新年快乐

李政道
八八年七月初

又附上八七年我发表的几篇论文

李政道教授写给顾迈男的亲笔信。顾迈男，又名顾迈南，故李政道先生称呼她"迈南先生"

卷首语

著名物理学家李政道与杨振宁的经历，可谓波澜壮阔，本书记述的是他们人生经历中的几个片段，并非全貌。

20世纪80年代，我在新华社任记者，有机会多次采访接触李、杨两位教授，并有幸聆听他们讲述的动人的人生传奇。

李、杨青少年时代，正值列强入侵，中华民族处于生死存亡的最危险的时候，在那段艰难的岁月里，少年青春勃发的李政道与杨振宁不畏艰险，历尽磨难，奔赴大后方求学。学成后，又不遗余力地为国效力，以赤子之心面对中华民族。不愧是炎黄子孙中的佼佼者，不愧是首次获得诺贝尔奖的中国人——李、杨获奖时均为中国国籍。

在多次采访的基础上，我写成《炎黄之光》一书，经当时我国分管科技工作的方毅副总理题写书名并作序，于1991年由新华出版社出版。

李、杨二位教授当年都认真地审阅我的书稿，并写来亲笔信，赠书以示支持。

应广东高等教育出版社总编辑黄红丽女士的热情相邀，我对《炎黄之光》做了补充修改，以《李政道与杨振宁》为名，献给读者，希望李、杨二位大科学家赞许，希望广大读者喜欢。

顾迈男

2021年9月于北京

对称的世界是美妙的,而世界的丰富多彩又常常在于它不那么对称。有时,对称性的某种破坏,哪怕是微小的破坏,也会带来某种美妙的结果。

《炎黄之光》序

方　毅

李政道、杨振宁、丁肇中等人的名字在中国人民和亿万青少年中广为传扬。然而，这些蜚声国际的卓越物理学家的经历、成就，以及他们和中国的关系等，对于我国的年轻人来说，却是比较生疏的。因此，我很高兴地向广大青少年推荐《炎黄之光》这本书。

这本书以翔实的资料，真实生动地记述了几位中国血统的美籍科学家的事迹，有志于为科学献身的中国青少年，值得一读。

20世纪50年代中期，在诺贝尔物理奖得奖人行列里，出现了两位华裔科学家的名字：李政道和杨振宁。消息传开以后，海内外的炎黄子孙无不兴高采烈、欣喜异常。岁月如流水般地逝去，时间进入70年代，继李、杨之后，中国血统的美国麻省理工学院教授丁肇中，荣获1976年诺贝尔物理奖。

中国人民和中国科技界对于这些华裔科学家们获得的荣誉感到由衷的喜悦。他们虽然多年来在国外生活和工作，但是，他们与我们生活的这个国度却是息息相关的，这是因为他们不仅出生在这片土地上，而且在这里度过了难忘的童年和青年时代，后来，远涉重洋到海外求学并定居国外，但是，他们始终不忘自己是炎黄子孙，而且真心诚意地希望中国繁荣和富强，并且在远方为中国富强尽心尽力。几位获得诺贝尔奖的美籍科学家的成就说明，在科学的道路上，只有不畏劳苦的人们，才有希望到达光辉的顶峰。正在为"四化"建设努力奋斗的中国人民，尤其需要这种不畏艰辛、奋勇攀登的精神。

有志于振兴中华的青少年们，奋发起来，以为炎黄子孙们争光的科学家们为榜样，用你们的智慧和汗水去创造更加辉煌灿烂的明天。

一九八七年元月

目 录 MULU

李政道　雪窗萤火四十年

- 第一篇　千里跋涉为求学 / 3
- 第二篇　坐茶馆读书的少年 / 7
- 第三篇　在芝加哥大学 / 19
- 第四篇　推翻神圣定律 / 27
- 第五篇　实现 CUSPEA 计划 / 49
- 第六篇　创建"博士后"制度 / 62
- 第七篇　悠悠故国情 / 77
- 第八篇　故土难离　寻根苏州 / 86
- 第九篇　竹神萧萧问秋风　君影茫茫去何处 / 90
- 篇外篇
  - 1. 在科学的春天里 / 99
  - 2. 与少年班的孩子们对话 / 116
  - 3. 对撞之歌 / 132

杨振宁　物竞天存争朝夕

- 第一篇　万里寻师 / 149
- 第二篇　颠沛流离的童年 / 152
- 第三篇　这应该是个佳话…… / 169
- 第四篇　故国情深 / 176
- 第五篇　走出象牙塔 / 181
- 第六篇　建造友谊的桥梁 / 185
- 篇外篇
  - 1. 灵台无计逃神矢 / 194
  - 2. 关于争取李政道、杨振宁回国工作的一段往事 / 199
  - 3. 华裔物理学家的盛会 / 203
  - 4. 美国哥伦比亚大学物理试验报告："对等性定律的推翻" / 210
- 后　记 / 214

李政道

雪窗萤火四十年

20世纪20年代,中国大地战火四起,民不聊生。就在那个中华民族生死存亡未卜的年代,李政道与杨振宁诞生了。

正值青春年少的李、杨二位未来的大科学家,是怎样度过那段使他们刻骨铭心的岁月呢?

下面记述我从他们本人以及尘封的资料中获悉的动人的往事……

第一篇　千里跋涉为求学

> 李政道在浙江大学读书时，非常勤奋好学。老师布置的功课，他很快就做完了，找到我说："王老师，我觉得您布置的功课不够味，您能不能再出些题目让我做？"
>
> ——王淦昌

1926年11月25日，李政道出生在上海一个多子女的大家庭里，祖籍苏州。他是家中六个孩子中的第三个。他的曾祖父和祖父，都跟东吴大学（即现在的苏州大学）有颇深的关系。李政道的曾祖父曾参与创建博习书院和东吴大学。他的伯祖父曾任东吴大学教务长数十年之久，其伯父也在博习书院和东吴大学任职数十年。

他的父亲李骏康曾入金陵大学学农业化学，后来在上海做化肥生意，开办过工厂。苏州和上海相距咫尺，少年时代，李政道就跟随父母到上海读书。人们说，李政道从小就很特别，他不同于一般的孩子，每天总是在凌晨三四点钟就起床。稍长，进入了幼稚园。父亲原来希望他念实用的科学，但是，当时中国的情况，不允许李政道按部就班地读书。父母对李政道自幼酷爱读书很支持，常带他逛书店，任他选购大量书籍。在他10岁前后，上海的商务印书馆、中华书局、开明书店等，都是他时常光顾的地方。

少年李政道对书的种类并不挑剔，文学、历史、科学，古今中外天文地理他都爱看。他曾对美国作家马克·吐温写的《汤姆历险记》看得入迷，书中生动、有趣的故事深深地吸引了他。在以后的岁月里，他一直保持着这一少年时代养成的酷爱阅读的好习惯。而在青年时期博览的群书中，他对爱丁顿写的《膨胀的宇宙》印象特别深。书中写到恒星、星系，尤其是整个宇宙还在扩展，这唤起他丰富的想象力。为人师之后，李政道对他的学生们说："读书不要局限于名著，差的不妨也读几本，读多了才能辨别好坏。"

李政道少年时代的中国，政治腐败，民不聊生。统治者无力抵御外国列强的入侵，只好割地赔款，以至于使上海这座城市变成了典型的冒险家的乐园。那时，城里到处充斥着日货，外国租界比比皆是。走近外滩公园、兆丰公园，非常醒目地悬挂着"华人与狗不许入内"的标牌。

看到这些标牌，少年李政道怎么也不能理解："这是中国的领土，为什么中国人要被他人统治？被外国人歧视？"

有一天，李政道在上海英租界乘坐电车，下车的时候不小心碰了一位40多岁的外国人。下车之后，不料那位外国人竟在车站边找来一个"红头阿三"（印度巡警），巡警不分青红皂白地把李政道的双手反背起来，结果李政道被那个外国人狠狠地揍了一顿。那年，他才13岁。

日本侵华战争爆发以后，沿海和京津地区的一些著名大学为避战火，纷纷迁到了云南和贵州的偏远地区。北京大学、清华大学和南开大学3所大学合并成立了昆明西南联合大学。差不多同时，浙江大学也从杭州迁到了贵州的遵义、湄潭和永兴。虽然由于战乱校舍简陋，物资匮乏，但是，这些大学师资力量很强，许多刚从欧美等发达国家归来的著名科学家和教授，不愿在沦陷区为侵略者效力，纷纷来到大后方的学校里任教，因而吸引了很多有志青年不远千里慕名前来求学。李政道也是其中之一。

许多年以后，他回忆这个时期的经历时，说：

> 珍珠港事变爆发以后，日军进入上海租界，我不想再在上海待下去，决定离开。我的二哥李崇道也想离开。父母说年纪太小，不准离家外出。我决心已定，于是便于这一年的12月22日，同比我

大 3 岁的二哥离开了上海（这年，李政道仅 15 岁）。当时，上海很乱。我们决定到贵阳去，贵阳是自由区，从上海到贵阳要经过封锁线，很危险。在上海北火车站，准备乘火车的有钱人很多，有的人对学生很歧视，空中响着甩鞭子的声音，很可怕。我一心一意想离开，不知道将来会怎么样？我们就这样从上海乘火车到了杭州，住在小旅馆里。一天，忽然来了两个国民党军人要查证件，我们回答说证件丢了，他们不相信，便把我和哥哥给关起来了。关在单人牢房里，怀疑我们是日本人的探子。关了一天后又忽然把我们释放了，说："你们显然不是探子。"于是，我和哥哥又步行上路了，我们经过封锁线到达常山。后来，到了浙江西部的一所临时中学当了教员，在这里，吃的是带壳的米。

1942 年夏天，日本人打到常山，紧接着浙江西部也沦陷了，学校解散了。有的学生从常山到了建阳、永安。我到了赣州，进了难民收容所。收容所里污垢遍地，我被传染上了恶性疟疾和痢疾，有几个月的时间我都是睡在地上。一天只吃两顿用带壳的米煮的稀饭，全身没有力气，只好躺着。这段生活经历，使我终生难忘。

赣州城里有个图书馆，身体稍微好些时，我就到图书馆里去看书，我对物理的兴趣也是从这时候开始的，例如爱丁顿著的《膨胀的宇宙》，我很爱看。当时，我对社会上的坏现象看得很严重，政府腐败，根本不管年轻人的死活。脑子里一直在想："人活着有什么意义？相比之下，物理定理在人间还是很纯洁的，在不稳定的社会里，致力于探索自然界的规律，才是追求真正的知识。"①

在穿过封锁线的日子里，李政道和哥哥李崇道经历了许多艰难困苦。一路上，他们风餐露宿，忍饥挨饿，走了一程又一程。鞋子破了，就停下来拔

---

① 作者对李政道教授的采访谈话，北京饭店，1987 年 5 月。

些野草编双草鞋，再继续向前走。由于是赤着脚穿草鞋，走不多久，草鞋便把脚磨破了。但兄弟俩只能忍受着疼痛不停地往前走……也不知道走了多少天，一直到脚上被磨破的皮肤成了茧子，草鞋穿在脚上不再感到疼痛了。就这样日复一日、月复一月地走着，走着，流亡到了浙江的西部。

现在的年轻人也许很难想象，一名15岁的孩子，在兵荒马乱，几乎是身无分文的境况下，千里迢迢地冒着生命的危险，为了求学，逃难到一个完全陌生的地方去，一路上所经历的种种艰辛。求知心切的少年李政道，就是在这种常人难以想象的困境中长大的。即便是在如此艰难困苦的环境里，他也没有放弃读书、求学。一路上，他甚至把衣服丢得七七八八，但带的书籍却一本未丢。流亡途中，他一有机会就读书。一天，他对人谈了对牛顿定律的理解，人们还误以为他因患疟疾，正在发烧说胡话呢！

从1941年到1943年，李政道过的是流浪生活，他和哥哥经常山、建阳、南平、永安、瑞金到达赣州。这中间，大部分的时间是步行。

第二篇　坐茶馆读书的少年

1943年秋天，李政道在贵阳以同等学力考上了浙江大学。之后，他经过湄潭到了永兴。在那时候，非中学毕业生也可以参加大学的入学考试。但是，成绩必须特别优秀，称为同等学力。李政道小学、中学和大学都没有毕业，他获得的第一个学位是美国芝加哥大学的博士学位。①

据李政道教授回忆，抗日战争时期的浙江大学，校本部在遵义，理学院在湄潭，一年级的学生全部在永兴。湄潭是座非常偏僻荒凉的山城，而永兴地域更小，只是一个"场子"，两地相隔仅有半天的路程。战前，这里的人们过着几乎是与世隔绝的生活。浙江大学迁来以后，山城、"小场"兴盛起来，茅舍里、会馆里，到处响起了琅琅的读书声和欢笑声。这里没有硝烟和战火，经历了战争和苦难的年轻人，更懂得读书求学的机会来得是多么不易，而倍加珍惜。生气勃勃的青年学子三五成群地走进挂满蜘蛛网的破庙、祠堂，在青灯古佛旁摆开各种仪器，做起了物理实验。下课后，他们或是爬山，或是到湄江击水，偏僻的小山城，因他们的到来而充满了生机。

李政道从小就有股喜欢动脑、酷爱钻研的"傻劲"，在中学和大学时代，他专心读书和思考，以致到痴迷的程度。

在贵州的永兴，浙江大学的师生们过着极为艰苦的生活，校舍设在江馆

---

① 作者对李政道教授采访的谈话。

和楚馆两个会馆里，拥挤喧闹是可想而知的。永兴这地方时常阴雨绵绵，流传着"天无三日晴，地无三尺平，人无三分银"的民谣。下起雨来，满街泥泞，使得学生们很难找到一个可以专心读书和思考问题的安静场所。然而，就是在这种异常困苦的环境里，浙江大学仍然培养出不少杰出人物，李政道就是其中之一。在这里，他得到老师束星北的启迪，开始了他的学术生涯。不幸的是，1944年因翻车受了重伤，李政道有半年多卧床不起。

在浙江大学读书期间，环境虽然很艰苦，但丝毫没有挫伤李政道对自然科学知识的痴迷追求。在课堂内外，他潜心研修物理和数学。浙江大学的著名物理教授束星北和王淦昌对他特别关照，李政道好学不倦的精神令两位教授刮目相看。那时，王淦昌教授已是成就卓著的著名物理学家。王淦昌教授早年毕业于德国的柏林大学，抗日战争爆发后，毅然返回国内，在浙江大学期间，他一面教授物理，一面从事科学研究。20世纪40年代，在异常困难的情况下，他提出了寻找中微子的实验方案。50年代，在苏联杜布纳工作期间，他又发现了反西格马负超子。进入60年代以后，他参与领导了中国原子弹和氢弹的研制工作。80年代，他曾深情地回忆起当年在浙江大学执教的情景："李政道在浙江大学读书时，非常勤奋好学。老师布置的功课，他很快就做完了，找到我说：'王老师，我觉得您布置的功课不够味，您能不能再出些题目让我做？'"①

李政道在浙江大学读书时的启蒙老师束星北，也是位蜚声学界的杰出物理学家。束星北早年曾在美国堪萨斯州拜克大学物理系读书。他曾激情澎湃地加入过美国共产党，去苏联考察过。走了十几个国家之后，到英国爱丁堡大学随世界著名理论物理学家惠特克和达尔文学习基础物理与数学，并获得爱丁堡大学硕士学位。1930年，经惠特克和达尔文引荐，到剑桥大学师从著名理论天体物理学家爱丁顿博士（爱丁顿曾利用全日食验证了爱因斯坦的广义相对论，爱因斯坦的理论因此被公认）。束星北参与了爱丁顿对狄拉克方程

---

① 作者对王淦昌教授的采访谈话，在王淦昌家中，1986年10月20日。

全过程的推导,这个方程被物理学界称为:用最简练的文字,概括出一幅最美丽的世界图画方程。

1930年8月,才华渐显的束星北被推荐到美国麻省理工学院做研究生和数学助教,并获得该校理学硕士学位。这年他仅25岁。

回国后,束星北到竺可桢主持的浙江大学任教。当时,浙江大学群星闪耀,束星北是当时公认的教授中最杰出的代表,他与王淦昌被誉为是那个时代理论物理与实验物理的两位大师级人物。同时,他们也造就了一大批日后享誉世界的一流人才,如李政道、吴健雄等。①

回忆战时的求学生涯,李政道感恩地说:当时,浙江大学和西南联大的物质条件虽然很艰苦,可是,有王淦昌、束星北、吴大猷、叶企孙、赵忠尧等第一流的老师,学习环境是很难得的。

大学二年级刚开学不久,日军入侵贵州,浙江大学停办了。1945年,李政道转入昆明西南联合大学求学,处境依然艰难。

多年后,李政道回忆道:"西南联大是我的母校,现在是昆明师范学院(现为云南师范大学)了。过去都是草房子,当时有一千多人,我在那里读过书。那时的设备不能再简陋了,物质条件没有再差的了。在学校里,十五六个同学住在一间草泥房子里,又闷又热,蚊虫肆虐,臭虫到处爬。我和同学们在拥挤不堪的寝室里睡上下铺,隔几天就得把床搬出去煮臭虫。"这里同样没有宽敞、明亮的教室,但李政道却依旧自寻幽静,专心读书。

西南联大的学术水平极高,因为这里会聚了许多著名的教授。其中有物理名教授叶企孙、吴大猷、赵忠尧、王竹溪、马仕俊等。吴大猷教授从事原子分子理论及实验光谱的研究,早年他曾在美国密歇根大学留学,写过《多原子分子的振动光谱和结构》等专著,还做过有关原子能谱、自游离化理论等的研究。赵忠尧教授在物理学上也做出了许多重要的贡献,20世纪20年代,他在美国进行过硬γ射线的吸收和散射实验,他和其他几位物理学家同

---

① 摘自"束星北档案"。

时发现了重元素的反常吸收。他还发现在反常吸收过程中，放出一种特殊的辐射，并且测定了它的波长，这种辐射就是现在人们所熟悉的正负电子转化为光子的湮没辐射。而王竹溪教授曾到英国剑桥大学留学，在统计物理、热力学、电动力学、量子力学、理论力学诸学科中都有很深的造诣。他们都是当时非常杰出的科学家，对李政道也都十分器重，让他在1945年至1946年一年中，念完了大学四年的课程。尤其是吴大猷教授，对李政道更是着力培养。在大学时代，李政道有幸受到这些名师的教诲和熏陶，对他日后的成长打下了坚实的基础，对他后来取得的成就也有很大的影响。

关于李政道与吴大猷教授相识、相知的情形，以及李政道赴美国留学的经过，吴大猷教授在《回忆》一书中，曾这样记述：

> 1945年的春天，忽然有一个胖胖的、十几岁的孩子来找我，拿了一封介绍信，信是1931年我初到密歇根大学遇见的梁大鹏兄写的。梁不习物理，十几年未通音讯了，不知怎样会想起我来。他介绍来见我的孩子叫李政道，原在宜山浙江大学读过一年级，因为日军逼近宜山，他便奔去重庆。那时是学年的中间，不经考试，不能转学，我便和联大教二年级物理、数学课程的几位先生商量，让李去随班听讲考试，如他合格，则候暑假正式转入二年级时，可免他再读二年级的课程。其实这不过是我自以为合理的办法，并未经正式承认许可的。李政道应付课程绰有余裕，每日都来我处请我给他更多的阅读物及习题。他求知心切，真到了奇怪的程度。有时我有风湿痛，他帮我做任何家里的琐事。我无论给他什么难的书和题目，他很快就做完了，又来索更多的。我从他做习题的步骤，很容易发现他的思想敏捷，大异寻常。老实说，在此后的一年中，我因为自己的问题——冠世①的卧病，每日的买菜、生炉、煮饭，物价的日日

---

① 指吴大猷教授夫人阮冠世。

上涨，实在没有心绪来预备许多的参考书和题目给他。好在他的天资高，亦不需要我的讲解。①

西南联合大学在昆明城外临时搭起的草泥房子里上课，学校的周围是荒凉的山冈和乱坟堆。许多年以后李政道回忆说："抗日战争时期昆明人口激增，电力不够，电灯仅见灯丝红，根本不能用来念书。"

李政道和其他同学发现茶馆里用的汽灯，晚上可以用来读书。"当时，茶馆的习惯是先来先坐，只要占个位子不离开，就可以从早到晚不加费。当然，茶也变成了白开水。"

在那些日子里，李政道和同学们一早就上茶馆，上课时在茶馆里轮流互相看着座位，下课后夹着书本再回到茶馆里读书。因此，上茶馆读书，就变成了他生活的一部分。

回忆往事，李政道感慨地说："那时候，我们从来没有感到因为仪器不好，设备不好，有比别人差的想法。杨振宁、朱光亚、唐敖庆和我，等等，都是那个时候培养出来的。"②

陆祖英是李政道在西南联大的同学和好友，昆明的冬天很冷，学生的宿舍里没有火炉，许多学生住在一个房间里，大家睡的是上下两层铺。在那段时间，陆祖英睡上铺，李政道睡下铺，两个床之间有一张桌子，没有灯，很拥挤。他说：

那时，昆明各种物资都极为匮乏，没有钟表就靠放炮来报时间，每天12点钟放一炮，晚上放两炮，全城的人们从炮声中知道时间。放炮也是由联大的同学们负责，李政道和我都放过炮。听到炮声，人们说："呵，放午炮啦，该吃饭啦！"

---

① 摘自吴大猷：《回忆》，台湾联经出版事业公司，1977，第53－54页。
② 摘自李政道在中国科技大学研究生院的讲话，1979年5月。

当时每个班只有十几位同学，然而，名教授云集，吴有训教授讲普通物理，赵忠尧教授讲电学，马仕骏教授讲力学，饶毓泰教授讲光学，王竹溪教授讲热力学，吴大猷教授讲近代物理，叶企孙教授讲物性学，马约翰讲体育，体育不及格不能毕业。一年级一个学分，一天上6小时课，到四年级讲近代物理，12个学分，随便选修，很自由。文学教德文的《浮士德》。学校每个月发给同学的伙食费只够吃两顿饭，10个人一桌算一个膳团。早饭，同学们一般都在学校门口的小饭铺里吃，自己掏钱。李政道当时也不宽裕，记得气象系有位同学时常在经济上接济他，因为学校的伙食很差，有时候同学们就到外面吃顿饭改善改善，昆明的小西门外有个铺子卖卤牛肉，很好吃，李政道喜欢吃卤牛肉，有时他到那个铺子里买卤牛肉吃。

李政道很用功，很勤奋。每天拂晓就起床读书，几乎每天清晨，我都见他裹着毯子坐在床上看书或做习题，反复地消化学过的东西。

李政道很聪明，很刻苦，基本功很扎实。那时，书籍很少，上课时用的是外国教科书，上一个班传给下一个班。李政道来联大后，除了和同学们一起上课外，吴大猷教授还单独给他上过一次课。吴大猷讲量子力学，讲费米的原子核物理。有时候，李政道也和同学们一起打打扑克，吹吹牛，或是看一些比较轻松的书籍，消遣消遣。可是，当时能弄到的书籍却是太少了。

记得有一部书李政道很喜欢看，是一位名叫"还珠楼主"的作者写的。书名叫《蜀山剑侠传》，书中描写的是峨眉山侠客的故事，文笔很好，这套书总共有几十本，他对书中记述的剑侠们杀富济贫的惊险故事很神往。①

---

① 摘自作者对陆祖英教授的访问谈话，中国科学院高能物理研究所，1987年6月4日。

人们也许会问：这位未来的大物理学家为何爱读在一般人看来和物理学风马牛不相及的武侠小说呢？殊不知，物理学研究的范围非常广泛，大至宇宙、恒星，小至极为微小的粒子。这些研究对象总有几条最基本的原理管着它们，而这些最基本的东西恰恰是最简单的。从青年时代起，李政道就认为从事物理学的研究首先应当把最基本的东西学好，他主张科学家的思路要宽。因此，不难理解，李政道为什么早在大学时代，就一面入迷地钻研物理，同时，课余时间又喜欢阅读比较轻松的文学作品了。

西南联大在昆明西门外。因为躲警报，所有的课程都在早上 7 时至 10 时、下午 4 时至 11 时进行。西南联大的求学岁月，使李政道终生难忘。许多年之后，他在中国讲学的时候，对年轻的研究生们讲过这样一番话：

> 我离开昆明西南联大是 1946 年，那时候，物质条件是很差的，住的是草房子，同学们睡的是上下铺，每个星期都要煮床板。那时，联大的条件一次只能煮一张床，臭虫不能同时消灭。但那时，我们从来没有感到仪器不好，设备不好，就比别人差，到了国外并没有自卑感，和大家一样的。就是在那样艰苦的条件下，还造就了许多人才，最重要的是人，不是物质条件。

1979 年 5 月，李政道在中国讲学期间，一天，他来到北京西郊的中国科学院研究生院参观，他看到这里有许多木板房子，便触景生情地讲了上述那番话，又说："我还记得上物理实验课时，整个实验室只有一个小的电子仪器，学生只准看，不许动手。我出于好奇心，用手捅了一下，把一根线弄断了。"他打着手势说："所以后来我就改学理论物理了！"大家听了，哄堂大笑。

"仪器、设备都是人造的，只要大家肯学习，把基础打好，把人培养出来，就可以创造一切。"

当时的中国，内忧外患连绵不断。日本侵华战争的爆发，使中华民族到了危及生存的紧要关头，在大后方求学的学生们，虽然相对来说，离硝烟弥漫的战场远些，但也并非是在世外桃源里，国民党当局的消极抗日政策，引发了学生们一次又一次的抗议活动。

据陆祖英回忆，1945年12月1日上午八九点钟，一些军警从学校外面的环城公路上，往联大的校园里扔石头，许多同学都被砸伤了。这时，一向埋头读书的李政道也被激怒了，他不顾个人的安危，放下书本，一手托着黑板，一手拿起石头，爬到墙头上和军警们对打起来。

风潮过后，同学们开始罢课。吴大猷教授担心李政道因此荒废了学业，劝他说："你还是读书要紧，有些课还是要上。"

几个月后，抗日战争结束。

动乱、困苦，都没有影响李政道对科学的执着追求，到大学三年级时，他已经是很受教授们赏识的青年物理学者了。由于他在物理学上显露出来的非凡才智和出类拔萃的成绩，1946年夏季的一天，他突然接到通知，要他和华罗庚、吴大猷、曾昭抡教授，以及唐敖庆、朱光亚同学一起，结伴同行，赴美国深造。

关于李政道赴美国留学的前后经过，吴大猷教授在《回忆》一书中这样写道：

> 1945年秋，曾昭抡先生忽然来找我，说军政部部长陈辞修①先生、次长俞大维先生，想约我和华罗庚谈谈为军政部计划些科学工作的事，我和曾虽是同事十多年，与华亦六七年，但都无深交。陈、俞两先生更从未晤面。我所习的物理，亦与实用无关。但想想，去谈谈亦无碍。于是和华去谕，先后见俞、陈两位先生。
>
> 我们住在海陆空军招待所，军政部派了一部车给我们出入。有一天，陈部长来看我们，我们听见卫士们问"教授"是什么大官，

---

① 即陈诚。

要部长亲自来见。那时我仍穿一件西服，可是脚下是一双美国兵的粗皮靴，夹大衣是向一个表弟借来的，那是由他的父亲、我的姑丈给他的旧衣，我穿了觉得太宽太长了些。华罗庚的行头也高明不了多少，无怪卫士们要惊奇了。

陈、俞两位先生想知道怎么计划才能有助国防的科学工作，我即想了几日，拟就一建议，以为我国人才缺乏，任何计划必须从根做起：（1）成立研究机构，培植各项基础工作人才。（2）初步可派物理、数学、化学人员外出，研习观察近年来各部门科学进展情形，拟一具体建议，计划筹建一研究机构，并即时选送优秀青年数人出国，习物理、数学等基本科学。

我拟写的建议，陈、俞两位先生考虑后，以为可行，即令华和我负责数学及物理部门。我们并建议请曾昭抡负责化学部门。

吴大猷教授在《回忆》一书中还说：

返昆明后，我告冠世一切经过。谈到推选青年习物理者二人时，冠世和我皆不犹豫地选李政道。当时在西南联大的研究生及助教中，天赋勤奋未有如李的（杨振宁已考取清华留美；黄昆考取中英庚款留英）。此外更选定（清华）助教朱光亚。

……

数学部门，华罗庚选了孙本旺。化学部门，曾昭抡选了王瑞駪、唐敖庆二人。我在决定了各人选后，一方面立即开始给各人加速地讲授近代物理，一方面将美国"士迈士报告"（详述美国发展原子弹之经过。当时尚未公布，仅有一册，系由美国交给军政部，由俞大维先生给我们的）分作五份，由李、朱、孙、王、唐译为中文，而由我校阅修改，总其成后，送呈军政部，译稿未及出版即由该部遗失了。

吴大猷教授在书中还写道：

近年来，李、杨成就卓然。国人常提及二人为我的学生，并以李与我的机遇传为美谈。实则我不过适逢其会，在那时那地遇了他们而已。譬如两粒钻石，不管放在哪里，终还是钻石。实在说，李政道的能出国，直接的还是陈辞修、俞大维两先生，间接的是梁大鹏将李介绍给我，和曾昭抡的介绍我给俞先生。

……

抗战的一段时期，应是我作研究的成长阶段，但很快地便过去了。个人的成就寥寥，限于能力和环境，没有什么后悔。幸运的，是适逢其会的遇到极卓越的学生如杨振宁、黄昆、黄授书、张守廉等，和发现了李政道的奇才。

吴大猷教授在《回忆》一书中还写道：

1945年冬，我与华罗庚、曾昭抡应军政部（部长陈诚、次长俞大维）之邀，拟订选拔孙本旺（数学）、李政道、朱光亚（物理）、王瑞骁、唐敖庆（化学）五人，去美研习，我们的任务系为政府计划一个科学研究机构。1946年夏，华、曾等七人经由沪赴美，我则受教育部部长及中央研究院代院长朱家骅先生之命，代表该两机构，赴英参加伦敦皇家学会补行之庆祝牛顿三百周年纪念大会。会后9月抵美，即向昔日同学之原子能委员会委员兄R. F. Bacaer，探询协助我国建立研究机构之可能，先后将建议及报告寄归国。时军政部改国防部，我们的方案皆归第六厅。由于战况及一般情形日逼，政府实未遑顾及长期性的科技计划。时政府似据顾毓琇先生的建议另成立了一类似原子能委员会的会，我虽列为委员，而从未问其计划。

后始闻中央研究院派赵忠尧先生至加州理工学院，订购某些设备，似乎军政部赋予我的任务，已无形告终。孙等五人已分别入学专心研习。华罗庚只在国内选了孙一人，后将为另一人携来代领之款，给予已在美的徐贤修。我们共九人，现我之外，徐在台，李政道、王瑞骁在美，华、朱、唐、孙在大陆，曾昭抡闻已去世。

2005年夏季，我在北京拜访了著名核物理学家朱光亚。谈起往事，朱光亚教授很感慨。他的人生经历可以说充满了传奇色彩。

朱光亚说："中国人研制原子弹的梦想，在旧中国时就已有了。"

李政道教授成名以后，始终没有忘记吴大猷教授当年对他的培养和提携。吴大猷教授回忆说："1957年冬，杨振宁、李政道由广播听到获诺贝尔奖奖金时，他们二人不约而同地给我一封信……给我一极大的愉快。"[1]

李政道教授在《往事回忆》一文中说：

> 40年前，经吴大猷教授推荐，我获取了中国政府的一笔奖学金，赴美留学。在物理方面继续深造。这一难得的机会改变了我的一生。一个人的成功有着各种各样的因素，其中"机遇"也许是最重要的，也是最难驾驭的。尽管成功的机遇不可预订，但它的几率却可以大大增加。通过吴教授，我才能得到这一机遇。我对这一机遇的珍视，是促使我近年来组织CUSPEA[2]考试的主因之一。希望更多类似的机遇能够光顾年轻人。

1992年春天，离开祖国46年之后，吴大猷教授又回到了他既熟悉又陌生的城市——北京。在短短26天的访问中，李政道从百忙中抽出时间陪伴着

---

[1] 吴大猷：《回忆》，台湾联经出版事业公司，1977，第48页。
[2] 中美物理联合考试（China-United States Physics Examination and Application）的英文缩写。

他。李政道时而亲自推着轮椅陪伴吴大猷教授在北京的中山公园散步，时而陪吴大猷教授到北京西郊的北京正负电子对撞机实验室参观，还请来好友、著名心脏病专家黄宛等，为他检查身体。

这年的5月21日上午，第一届东亚/太平洋—美国超级超导对撞机物理、实验和技术研讨会，在中国高等科学技术中心的报告厅举行，吴大猷教授被安排在主宾位上就座。

5月23日上午，北京大学授予吴大猷名誉教授称号。李政道在授聘仪式上以弟子之礼献诗："吴师清高如云如山，北大执教已逾半世，名誉成就众所敬仰，教授弟子全球皆是。"他将这四句诗竖写后，横着念每句前的两字是"吴师北大名誉教授"。

在场的人们读了李政道颇具匠心的、亲切又充满师生情谊的诗作，以热烈的掌声，表达了对李政道的敬意。这年的6月10日晚上，李政道还在北京中山公园今雨轩专门宴请了解放军总医院的领导及为吴大猷检查身体的全体医护人员。次日早晨，吴大猷离开达园宾馆，踏上归途。2000年，吴大猷教授在台湾病重，李政道专程从美国赶去探望。① 这是后话。

在战火纷飞的年代，李政道度过了艰难困苦的青少年时代。1946年，一个秋风飒飒的日子，他和华罗庚、朱光亚等几位西南联大的老师和同学一起，在黄浦江畔登上一艘名为"美格将军号"的远洋轮船，离开了中国。这时，他只有19岁。

那天，黄浦江被淡淡的雾霭笼罩着。码头上，人群熙攘，在呜呜的汽笛声中，轮船起锚后，很快便驶进了波涛汹涌的太平洋。初次踏上出国旅途的青年李政道，穿着一身半旧不新的西装，站在甲板上，凝视着渐渐消失在地平线上的祖国。李政道怀着对故乡和亲人们深沉的眷恋，到北美洲去了。

---

① 《中国科学报》1992年7月14日。

第三篇 在芝加哥大学

坐落在波光粼粼的密歇根湖畔的美国名城芝加哥，城里高楼林立，车水马龙。在城市的中央，如果乘坐长达 1 分钟时间的电梯，登上 130 层的希尔斯铁塔，极目远眺，便隐约可以看见绿树掩映的芝加哥大学研究生院。在芝加哥的郊区、巴塔维亚的原野上，坐落着一个巨大的"H"形建筑物。这就是以美籍意大利杰出物理学家费米（E. Fermi）的名字命名的世界著名的费米实验室。

1946 年秋季一个晴朗的早晨，李政道怀着求知的热忱，兴致勃勃地走进了芝加哥大学这座著名学府。

第二次世界大战后期，芝加哥大学物理系人才济济。在这里执教的著名教授有：费米、梅耶尔、密立根、柴德拉斯克、尤瑞。这五位科学家都是诺贝尔奖获得者。此外，还有泰勒（E. Teller）等杰出的物理学家。尤其是费米教授，他的名字对于全世界的即使不是专业的物理学家来说，也都是不陌生的。费米教授在实验物理和理论物理领域里，都有卓越贡献。

李政道慕名来到芝加哥大学，他热切地希望能够做该校的研究生。按校规，念研究生必须首先取得大学毕业的资格，而这时，他只有大学二年级肄业的证书，因此不符合进入研究院的规定。

在芝加哥大学，李政道先旁听了几门课。很快物理系的教授们便发现了李政道的能力，便同大学的招生处交涉，使其改变校规，让李政道能正式进入研究院。也因为李政道的勤奋和聪明，又给了他在当时很难得的芝加哥大学的奖学金，费米教授亲自收李政道为博士论文的研究生。费米教授收学生极为严格，精而少，李政道是费米教授收的唯一的中国籍的博士论文研究生。①

第二次世界大战末期，费米教授到芝加哥大学物理系以及后来以他的名字命名的费米实验室工作。当时，美国各大学正在恢复学术研究和研究生的教育。在芝加哥大学招收的许多研究生中，许多人是慕费米教授的大名，不远万里前来求教的，李政道就是其中的一位。在课堂上，费米教授讲课时逻辑清晰，而且深入浅出，使李政道和研究生们为之倾倒。

李政道敏锐地注意到，每个问题，费米几乎都是从头讲起，举的例子很简单，并且尽可能地避免形式化。

"让复杂的形式主义留给主教们去干吧！"讲课时，费米教授常这样说。

其实，李政道和其他的研究生们发现，这种简洁易懂、娴熟透彻的教学方法，都是费米教授事前做了精心准备并经过反复思考得到的。

为了巩固课堂上的教学效果，每个星期费米教授都抽出一两个晚上，把少数几位研究生请到他的办公室里，讨论物理学上的问题。被费米请去参加这种晚间聚会的研究生中，常常有李政道。聚会时，通常由费米自己或由某位同学提出一个问题，然后费米就查阅他那些做了详尽记载的笔记，讲给同学们听。演讲的题目十分广泛，涉及的内容有：恒星的内部构造及其演变理论、白矮星的结构、黎曼几何、广义相对论、宇宙学、托马斯—费米模型，等等。

最令研究生们难忘的是：费米甚至把自己的午餐时间也献给了研究生们。在餐桌上，他常常是边吃饭，边和研究生们讨论各种各样的问题。费米给人们留下的深刻印象是：为人正直、坦率，反对故弄玄虚。他说："年轻人应当

---

① 李政道在美国工作生活了17年之后才加入美国国籍。他在芝加哥大学读书和获得诺贝尔奖时，均系中国国籍。

把大部分时间用来解决最简单的实际问题，而不应当专一地处理深奥的根本问题。"

费米教授的为人和治学方法，潜移默化地影响了年轻的李政道。

许多年以后，李政道在回忆和费米相处的日子时，仍感念不已。他说：

> 我是在芝加哥大学念的研究生，博士论文导师是费米教授……他对我的影响很大。……再谈谈费米教授的治学方法，他对于遇到的每一个物理问题，都取其精华，化成一个或两个极简单的方程式，写在一张小卡片上，这些小卡片收集在一起，放在他的办公室里。他讲起课来很有意思，常常是随手取出一张这类的卡片，内容可能是场论，也可能是水力学，或是天文学，或是固体物理上的一个重要问题。然后，他就当场从基础开始，用最简单的方法，将这些关键性的方程式都运算出来。①

李政道说：

> 我自己在美国当学生时，1948年就写了粒子物理方面的文章，指出存在一个叫弱相互作用的区域。这是杨振宁、罗森布鲁斯（M. Rosenblusth）与我合写的。
>
> 我的论文是随了费米教授做天体物理方面的工作的，以后又搞了流体力学、统计力学、粒子物理、场论等。这种方法也是我的老师费米所赞同的。

实际上，费米本身所涉的领域还要广，除了理论物理外，他也用了大量精力在实验方面，比如费米到芝加哥大学以后，从事宇宙线、π介子、μ介

---

① 摘自《李政道教授和研究生对话》，《瞭望》1987年6月15日。

子、中子、电子的研究，制造了加速器，又最早用电子计算机做孤粒子的模拟试验。费米对天体物理也做过重要的说明，除了宇宙线的来源和重元素的本源外，他指出天体物理中电磁能和动能是差不多大小的。循着这一思想，人们发现许多天体都有磁环。①

1954年秋天，费米教授与世长辞。

费米不仅是一位在物理学方面有卓越贡献的科学家，而且在教学方面也同样有杰出贡献，他直接和间接地培育了好几代物理学家，其中许多人后来成为成就卓著的大物理学家，他们之中有李政道、杨振宁、阿格纽、阿尔戈、张伯伦、戈德伯格、罗森布鲁斯等。②

从1946年至1949年底这三年间，李政道以惊人的勤奋和毅力攻读，写出了许多篇颇有见地的论文。他的第一篇文章（与罗森·布鲁斯、杨振宁合作），阐述了弱作用的宇宙性和中间玻色子的存在性，这篇论文在粒子物理学领域里产生了深远的影响。他随费米教授做的博士论文《白矮星的氢含量》，解决了天体物理学中的一个基本问题。1949年冬天，李政道结束了研究生的经历，获得（1950年）芝加哥大学博士学位。

费米严格的科学态度，公正的待人方法，一直伴随着李政道。他对实验观测的一贯重视态度，也来自费米的教诲。

在芝加哥大学读书期间，李政道和后来的夫人秦惠䇹邂逅。关于李政道和秦惠䇹相识相爱并结为终身伴侣的故事，他们的证婚人、好友、北京解放军总医院著名心脏病专家黄宛③对我生动地回忆了那段难忘的岁月。他说：

> 1947年秋天，我到美国芝加哥的迈可瑞斯研究所（犹太）附属医院去进修。我的表弟凌宁和李政道、杨振宁很要好。1945年，凌

---

① 摘自李政道：《物理学及其他》，《自然辩证法通讯》1979年第4期。
② 摘自杨振宁：《读书教学四十年》，三联书店（香港）有限公司，1985。
③ 摘自作者访问黄宛教授的笔记，北京解放军总医院，1987年6月。黄宛为著名科学家黄昆之兄。

宁和杨振宁一起去的美国。当时，凌宁在芝加哥大学工作，由于他是晚上工作，白天睡觉，我让他来接我，不料那天来接我的不是他，而是李政道。

我经过芝加哥时，下了火车。当我正在朝着熙熙攘攘的人群里张望有没有人来车站接我的时候，突然发现李政道笑吟吟地站在了我的面前。

"请问，您是——"他彬彬有礼地问道。

"是的，我是黄宛。你是——"我迟疑地端详着这位素不相识的英俊青年。

"我是李政道，是凌宁的朋友，请你跟我走吧。"李政道对我说。

说完，他从我的手中接过了行李，热情地带我走出了车站。

就这样，在李政道的带领下，黄宛走进了芝加哥大学的学生宿舍。那年，李政道年仅20岁。黄宛继续回忆说：

相识后，我感到李政道很直爽，很热情。他兴奋地谈了他和杨振宁、凌宁三人，自己开着汽车去美国西部旅行的种种见闻，还把他们沿途拍摄的许多照片拿给我们看。那次，我在芝加哥只停留了一天，便到罗杰斯特去了。

我在纽约州北部的罗杰斯特工作了几个月，一来因为无人指导，二来我对一本关于心电图的书发生了兴趣，于是，便决定再到芝加哥去，因为书的作者在芝加哥，我希望能亲自见到作者，向他请教有关的问题。临行前，研究所的负责人对我说："我知道，在这里你不会感到很快活，因为正在'排犹'。你可以把行李留下，人先去，到了芝加哥，你要是不高兴就再回来。"

我怀着对这位犹太医生无比感激的心情，离开了罗杰斯特。

我在芝加哥的一所医院里安顿下来之后，每逢周末常到芝加哥大学去，同李政道、杨振宁以及表弟凌宁一起度周末。我们相聚在一起，或是我给大家做心电图，或是结伴外出游玩；不久，我的妻子凌瑞琴也到了美国，我找了间房子安下家，每逢周末或是节假日，李政道等时常来我家里玩。

我在芝加哥时，李政道正在做毕业论文，我对物理虽然是门外汉，但从李、杨的谈话中，我发现李政道随时随地都在思考物理方面的问题。

有时，我们在一起练习英文，一个人提个单词，大家回答，答不上来就受罚。当时，李政道在物理方面已经很有见地，就是英文还差一点，有时他回答不上来，常常受罚。

那时，李政道风华正茂，他不仅聪明过人，而且才貌出众。因此，女孩子们对他都很爱慕，而他对爱情问题却很严肃。

1948年圣诞节的前夕，凌宁的妹妹凌萱，也就是我的表妹带了一位名叫秦惠䇹的女朋友①来芝加哥度圣诞节。圣诞节过后，凌萱和她的女朋友快要走的时候，有一天，我问李政道："你觉得凌萱带来的女朋友怎么样？"

我见李政道笑而不答，便主动地断言："我觉得这个女孩子很好。"

过了片刻，李政道腼腆地说："我也觉得不错。"

"你既然喜欢她，就应该向她表示。"我说。

"呵，可是——"李政道有些难为情。

当时，芝加哥正巧有一场精彩的冰上芭蕾舞准备进行，见此情景，我灵机一动，兴奋地帮他出主意："这样吧，你去买三张票，带她们去看冰上芭蕾。到时候，你坐在秦惠䇹女士的身旁，问问她的通信地址，她如果告诉你她的通信地址，那就是说她爱你，她如果

---

① 当时，秦惠䇹正在美国堪萨斯州圣玛丽学院读书。

第三篇 在芝加哥大学

不告诉你通信地址,就算啦。"

第二天,李政道果然按照黄宛教的办法做了。他兴致勃勃地买了三张冰上芭蕾舞票,邀请凌萱和她的女友秦惠䇹一道观看冰上芭蕾。

那是一个使相爱的年轻人留下美好记忆的迷人夜晚,两位年轻人一面随着优美的旋律浮想联翩,一面默默地祈祷着未来的幸福和爱情。就在这天晚上,年轻的李政道含蓄而又热烈地向他未来的爱妻秦惠䇹敞开了心扉。

次日,黄宛见到李政道后关切地询问说:"她给你通信地址了吗?"

"给了。"李政道说。

"很好,那你就给她写信吧!"黄宛继续给他出主意说。

两位年轻人一见钟情。1950年初冬的一天,李政道兴奋地对黄宛说:"我和惠䇹要结婚了,我们想请你做结婚的公证人,你同意吗?"

"同意,同意!"黄宛听了,连忙高兴地应允。

这时候,黄宛不仅为自己有幸做这位才学卓著的青年物理学家的婚姻公证人而深感荣幸,而且为由于自己的牵线搭桥,使有情人终成眷属而兴奋不已。

几天以后,李政道和秦惠䇹便在黄宛的陪伴下,高高兴兴地到芝加哥市政厅办理了结婚登记手续。随后,黄宛又在芝加哥市政厅的门前为两位新婚夫妇合影留念,欢送两位年轻人度蜜月旅行去了。①

婚后,为了使秦惠䇹能继续攻读硕士学位,李政道毕业以后,在芝加哥大学天文系工作了半年,他辞谢了普林斯顿高等研究所的聘请,到加利福尼亚大学(伯克利)物理系工作了一年,在那里担任讲师并从事研究工作。1951年到普林斯顿高级研究所工作,1953年到美国哥伦比亚大学物理系相继担任助理教授、副教授,1956年升任教授。1960年至1963年又任普林斯顿高级研究所教授兼任哥伦比亚大学教授。1961年,35岁的李政道被推选为美

---

① 作者采访黄宛谈话,北京解放军总医院黄宛家中,1987年6月。

国科学院院士。1963年任哥伦比亚大学物理学讲座教授，1964年任该大学费米物理学讲座教授，1983年任该大学全校讲座教授。

在近半个世纪的漫长岁月里，李政道在事业上屡建奇功，秦惠䇹始终是他忠诚的伴侣，她不仅是一位贤妻良母，而且是李政道事业上的有力助手。李政道常对人说，他的成功是和秦惠䇹的支持分不开的。

李政道和秦惠䇹

第四篇　推翻神圣定律

婚后李政道和秦惠䇹建立起美满幸福的家庭。不久他们的长子李中清出世。几年后，次子李中汉也来到了人间。

岁月如流。经过近十年的辛勤探索，李政道在统计力学、场论和基本粒子物理等许多领域都有了很深的造诣。他不迷信权威，不受金科玉律的束缚，攻下了一道又一道科学上的难关，解决了这些学科领域里一些长期悬而未决的、难度很大的问题。他的才华使得许多美国物理学界的前辈不得不对他刮目相看。

19世纪的下半叶，物理学有了突飞猛进的发展，物理方面两项最为辉煌的成就——电磁学和热力学，以及统计力学，为描述物质的客观性质奠定了全面基础。到了20世纪初期，物理学发生了三次公认的重大革命：狭义相对论、广义相对论和量子力学。爱因斯坦发动了前两次革命，并且影响和促进了第三次革命。

在李政道等青年物理学家们初露锋芒的时候，爱因斯坦虽然年事已高，但仍以其在物理学上深刻的洞察力，密切地注视着在这个领域里崭露锋芒的后来者。

1949年的一天，爱因斯坦忽然叫自己的助手请李政道、杨振宁到他的办公室里谈话。当时，爱因斯坦已经退休，但他每天仍然到纽约附近的普林斯顿研究所的办公室里去。

原来，爱因斯坦年轻的时候从事的许多研究工作中，包括两个主要的方面：一个是电磁学，另一个是统计力学。后来许多年中，他始终对统计力学很有兴趣。因此，看了李政道和杨振宁合写的一篇关于统计力学的论文，他很想见见论文的作者，交流一下彼此的看法。会见时，爱因斯坦用带有德国口音的英语和李、杨交谈。

数十年后，李政道回忆起与爱因斯坦探讨论文的往事。爱因斯坦那句"祝你在物理学中获得成功"的话语还在耳边响起。他说："爱因斯坦'住过此球'，这颗蓝色的星球就比宇宙的其他部分有特色，有智慧，有人的道德。"①

在第二次世界大战期间，奥本海默教授在美国主持了世界上第一颗原子弹的研制工作，因此，他在美国乃至全世界负有盛名。从1947年起，他担任了普林斯顿高等研究所的所长。他对李政道也很重视，这位美国物理界的权威说："T. D. 李是当代最杰出的著名理论物理学家之一，他工作的特点是：内容新，范围广，而且富有特色。"②

10年间，李政道不仅在统计力学、场论和粒子物理等很多领域发表了许多著名的论文，他还广为涉猎，研究了固体物理、天体物理、核物理和湍流理论。

1953年李政道被美国哥伦比亚大学聘请为助理教授。3年以后升为正教授，成为这所大学有史以来最年轻的正教授。那年，他还不到30岁。

不久，从哥伦比亚大学传出了一件震惊世界的重大发现：1957年1月16日，美国哥伦比亚大学向全世界郑重宣布了一份实验报告，当时的《纽约时报》全文刊登了这个实验报告，题目是"对等性定律的推翻"。

这份实验报告在前言中说："哥伦比亚大学物理系宣布，在粒子物理学方面，最近的几项实验，已经造成极重要的发展，这些实验包括：（1）排列中

---

① 摘自李政道在复旦大学的讲话，2006年1月。
② 摘自《江西日报》1979年12月4日。

原子核的 β 衰变——哥伦比亚大学教授吴健雄与全国标准局的安勃生、海瓦特何勃斯及哈德逊等人合作完成。（2）μ 介子内电子衰变的不对称角度——哥伦比亚大学迦文博士、莱德曼教授及文立澈先生合作完成。"

报告在谈到两项实验的意义时说："上述两项实验，是由哥伦比亚大学李政道教授和普林斯顿高等研究所杨振宁教授提出的。三篇连续论文的第一篇已经发表，题目是'在弱相互作用中对等性是否不变？'实验的目的，在于对这个问题提出决定的答复——对等性不是不变的。从而推翻了 30 年来物理学中的一个基本定律……"

从 1925 年量子力学创立的时候起，一直被人们认为是无可非议的物理基本定律之一的宇称守恒定律，就这样被年轻的李政道和杨振宁推翻了。

在叙述李、杨的这项震惊世界的重大发现之前，让我们先来听听科学家们是怎样解释宇称及宇称守恒定律（又叫作对等性定律）的。

李、杨的这项重大发现公布以后，当时国内外的报刊铺天盖地地刊登了许多关于这个发现的文章，下面是从当时的报刊中概括整理的介绍：

> 宇称这个名词来源于拉丁文 Pa－r，就是相等、对称的意思。科学家们打了个通俗的比喻：人们在照镜子的时候，会发现一个有趣的现象，当你用右手把一朵花别在左胸上的时候，镜子里的你却用左手把它别在了右胸上。在自然界发生的任何过程，如果我们在镜子里看到了它，那么看到的过程也能在自然界发生，这样就可以说，自然界是镜像对称的，任何物体的镜像也是可能在自然界存在着的物体；在实验室里做的所有实验，都可以用另一种方式来做，做的样子就像在镜子里看到原来的实验的那样，所得到的任何结果将是原来结果的镜像。这就是说，自然规律具有反射不变性。
>
> 还可以这样解释：左手法则与右手法则之间，没有根本的区别；简而言之，人们在镜子里看到的任何物体，在自然界里也一定会有的。

宇称守恒的观念最早是从分析复杂原子的光谱中总结出来的,后来才证明它是由电磁相互作用,在空间反射变换下不变的结果。当人们在20世纪20年代建立起宇称守恒的观念以后,它被推广到一切相互作用,确定了原子、分子和原子核的量子态,以及各种粒子的宇称,并且在解释反应过程中的选择点上取得了巨大成功。从提出宇称守恒并建立起它和空间反射对称性的联系之后,物理学家们对宇称守恒便坚信不疑了。

宇称守恒虽然是研究微观世界物理学领域里(原子及粒子)的概念,但是在日常生活中也时常遇到。例如,一个物体在镜子里面所成的映像,左和右的次序要颠倒,而所谓宇称守恒定律就是说,一个过程左、右互相调换一下,它们进行的方式除了左、右相调之外,仍然不会改变。

让我们再看看它在物理学中的情形。在原子核物理中,常常可以看到原子核自动放射电子的现象。假如把原子核的自旋(指原子核沿着一定的方向自旋),依照一定的方向排列起来,那么,按照宇称守恒定律,在它的旋转方向的两端,就应当放射出同样数目的电子。因为假使在原子核的自旋的平行方向放一面大镜子,那镜像中原子核的自旋方向会相反,但其两端的相对位置不变。如果原子核两端放射出的电子数目不一样,那么这个物理过程和它在镜像中的物理过程的进行,就必然不一样了。假如一个物理过程和它的镜像过程一样,也就是说,它们的宇称守恒;如果不一样,就说明它们的宇称不守恒。

李政道和杨振宁在芝加哥大学读书时,同时做研究生。杨振宁是泰勒(Teller)教授的博士论文研究生。在西南联大读书时,杨振宁曾在吴大猷教授的指导下,完成了学士论文。毕业后,在王竹溪的指导下研究统计物理学,他在群论方面的知识,得益于其父杨武之教授。1945年赴美国留学,完成博士论文后,杨振宁在芝加哥大学做过一段时间的教员。1949 年至 1955 年,在普林斯顿高等研究所工作,曾任该校教授,1966 年以后,任纽约州立大学石溪分校的爱因斯坦物理学讲座教授,并任过该校新创办的理论物理研究所所长。

在粒子物理方面,杨振宁的贡献包括:费米—杨模型,与李政道合作的二分量中微子理论,与李政道和 R. 奥赫梅合作的关于 C(电荷共轭变换)和 T(时间反演变换)不守恒的分析,与李政道合作的高能中微子实验分析和关于 W 粒子的研究;与吴大峻合作的 CP(宇称)不守恒分析,规范场的积分形式理论,与吴大峻合作的规范场与纤维丛的关系,与邹祖德合作的高能碰撞理论,等等。在统计力学方面,杨振宁的贡献包括:二维伊辛模型的自发磁化强度,与李政道合作的关于相变的理论,等等。①

杨振宁说:"我几十年来的研究工作主要集中在统计力学跟粒子物理学中对称原理两方面。很幸运的,多年来,我有很多非常杰出的合作者,其中跟我合作得时间最长、最有成绩的是李政道跟吴大峻。"②

20 世纪 50 年代中期,李、杨共同获得诺贝尔物理学奖之后,据当时国内外的报刊报道:李政道和杨振宁关于宇称守恒研究的合作,始于 1956 年 5 月初。有一天,杨振宁开车去纽约拜访李政道,李政道在他哥伦比亚大学的办公室里接待了杨振宁,于是,两人开始讨论宇称是否守恒的问题。

这年夏天,两位科学家在纽约附近长岛的布鲁克海文实验室相遇,又继续研究和讨论上述问题。这个实验室掩映在一片茂密的森林中,这里环境优美,气候虽然湿热,但是濒临海岸沙滩,是一个游泳的胜地。每年夏天,都吸引着从全美各地前来度假的物理学家们。李、杨见面后,很快地就谈到了原子物理学中的所谓"$\tau - \theta$ 之谜"。这个谜是当时许多第一流物理学家们从 1953 年以来就想解决而没有解决的问题。

---

① 摘自《中国大百科全书》(物理学卷Ⅱ),中国大百科全书出版社,1987。
② 杨振宁:《读书教学四十年》,三联书店(香港)有限公司,1985。

什么是"τ-θ之谜"呢?

在19世纪末以前,当科学家们还没有打开原子的时候,人们误以为原子是不可分割的、永恒不变的物质的始元。到了1911年,英国科学家卢瑟福做了著名的粒子散射实验之后,科学家们发现原来原子是由原子核和绕核旋转的电子组成的。随着研究原子核仪器和设备的不断进步,到了1932年,英国科学家查德威克发现了中子,科学家们再次发现原来原子核也是可分的,它由质子和中子组成。

到1932年,人们已经知道了五种基本粒子——质子、中子、电子、正电子和光子。

又过了多年,随着大型加速器的出现,科学家们又发现了许多种粒子,便把它们统称为基本粒子。在这之后的很长一段时间里,人们又认为基本粒子是组成物质的始元。然而,实验证实,基本粒子并不基本,后来又发现了数百种基本粒子,它们通过一定的相互作用而转化。相互作用基本上分为四种:引力作用、电磁作用、强作用和弱作用。科学家们按照各种基本粒子参与相互作用的不同方式,把基本粒子分为三类:强子、轻子和中间玻色子。

在1947年,两位英国科学家从宇宙线的实验中发现,当物质被高能量粒子撞击的时候,在碎片中会产生不同于质子、中子、电子的新粒子,科学家们把这种非同寻常的粒子叫作奇异粒子。在这群奇异粒子中,最使科学家们感兴趣的,是两个奇异粒子:θ介子和τ介子的奇怪特征。物理学家把它们称为"τ-θ之谜"。

当时,美国在纽约附近长岛的布鲁克海文实验室和在旧金山附近的伯克利实验室,有两台高能加速器,有段时间在上述两个实验室进行的一些实验中出现了许多令人困惑不解的现象。其中最使科学家们无法理解的就是:原子核中冲击出来而存在时间极为短促的K介子,在通常情况下,K介子的行动是一致的。但是,K介子里面的τ(K)介子能衰变出3个π介子(宇称性是负的),而θ(K)介子却只能衰变出2个π介子(宇称性是正的)。由于2个π介子和3个π介子属于两类完全相反的宇称性,实验结果虽然明明如此,可是,从理论上却解释不通。因为通过 K 介子"负"宇称性的态能变为"正"宇称性，这是违反"神圣"的"宇称守恒定律"的。

面对这种现象，当时许多物理学家总想在不违反"宇称守恒定律"的原则下解释它，但又解释不通。而富有创造精神的两位年轻的物理学家——李政道和杨振宁，却没有把"宇称守恒定律"奉为神明，他们没有被传统的观念束缚住。两位科学家先是在哥伦比亚大学李政道的办公室里，后来又在布鲁克海文实验室，热烈地讨论了这个所谓的难解之谜。他们讨论的结果认为，问题或许不在 K 介子，而在于"宇称守恒定律"本身。假使"宇称守恒定律"有时也可以违反的话，那么，K 介子的这种古怪的行径也就不难解释了。

不久，他们用说理精辟的论文提出了著名的"李—杨假说"，指出：在基本粒子间的弱相互作用中，宇称可能是不守恒的，这样就很自然地解决了 K 介子的两种衰变方式问题，因为 K 介子的衰变是通过 Kπ 介子间的弱相互作用引起的。

他们对过去的实验证据加以分析后提出：可以清楚地看到，现有的实验确实相当精确地证明了在强相互作用和电磁相互作用中，宇称是守恒的。而在弱相互作用中，迄今为止，宇称守恒的观念，仅仅是一个推广的假设，并没有任何实验证据能支持它。认为宇称守恒在弱相互作用中也无可怀疑，这只是一种因袭的成见。

李、杨正确地区分了建筑在实验事实基础上的真理，和人们不自觉的因袭的成见，这就为重大发现奠定了基础。

"李—杨假说"究竟对不对呢？

20 世纪 50 年代，在美国哥伦比亚大学工作的还有一位华裔女物理学家——吴健雄教授。

吴健雄是 1936 年到美国的。她在 1940 年获得博士学位时，在科学研究中的见识和成就，就已赢得她在伯克利几位老师，也是美国最负盛名的科学家奥本海默和劳伦斯等人的高度赏识，正因为如此，她曾以一个还未加入美国国籍的中国人的身份，参加了美国研制原子弹的"曼哈顿工程"，而且做出了贡献。

当然，参与国防科学研究只是偶然的机会。事实上，吴健雄最热衷的还是关于原子核物理的研究。在这个领域中，一般公认她有3项影响深远的重大成就，除了证明"李—杨假说"外，其他两项也都足以使她问鼎诺贝尔奖。吴健雄虽然在科学上有杰出的成就，也许因为没有得到诺贝尔奖，社会对她并没有相称的认识。

虽然如此，吴健雄却得到了许多其他的殊荣，其中最具代表性的，是由以色列一位工业家捐款设立的"沃尔夫奖"。"沃尔夫奖"颁奖的一个准则，是挑选那些应该得诺贝尔奖而没有得到奖的所谓遗珠，因此，也有以色列诺贝尔奖的称号。吴健雄正是1978年"沃尔夫奖"头一年的物理奖获得者。

此外，她还得到了美国国家科学院5年一次的"康士托克奖"、白宫的国家科学奖章。另外，她还打破美国普林斯顿大学百年的传统，在1958年成为头一个获得该校荣誉博士的女性。1975年，她再次打破美国物理学会一向由白种人男性担任会长的传统，成为美国物理学会第一位女会长。

由于吴健雄对物理学的杰出贡献，她除了被誉为"中国居里夫人"之外，在美国还享有"物理研究的第一女士""核子研究的女王"，以及"世界最杰出女性实验物理学家"的称誉。

那年春天，吴健雄原来计划和她的丈夫袁家骝，先到瑞士的日内瓦出席一次高能物理会议，然后再到东亚地区做一次旅行演讲。

在李、杨的论文完成之前，吴健雄已经认识到，对于研究 β 衰变的物理学家来说，验证"李—杨假说"，是进行一次重要实验的不可多得的黄金机会，不应该轻易错过。对于实验技术有深刻了解的吴健雄，也充分了解这个实验的难度，但她依然放弃了自己外出旅行的计划，决心着手通过自己的实验，验证"李—杨假说"，并为这次实验做了相当周全的准备。

她根据李、杨的论证，特地跑到华盛顿的国家标准局，在几位第一流物理学家的热情协助下，做了一个相当艰难的实验，这个实验把放射性钴-60，用高度冷却器械冷却到仅比绝对零度（-273.1 ℃）高0.01 ℃。钴原子核在高度的冷冻中仍然继续旋转，但是，它们的"热"运动却因为极端的寒冷而停止了。吴健雄在钴的旁边放置了一个强力的磁场,使钴的原子核的旋转都朝着同一个方向,温度对放射性作用并无影响,因此,那些冷却的、排列成行的钴原子继续衰变和发射电子。根据宇称守恒定律,这些电子应该沿着旋转轴以同样的数目,朝着上下两个方向发射。如果上下电子数不一样,而只是向着其中任何一个方向发射,那就证明宇称守恒定律不是什么自然规律。

在那些日子里,美国物理界乃至全世界的物理学家们都在密切地关注着这个实验,急切地希望能尽早得到实验的结果。吴健雄他们彻夜地工作着,他们用闪烁计数器测量了向两边发射的电子数,证明"李—杨假说"是完全正确的:钴-60两端放射的电子的数目,果然不一样!

1956年年底的前两天,吴健雄打电话给李政道,告诉了他初步的实验结果。但是,因为钴低温实验程序复杂,尚需进一步核对。吴健雄教授是位严谨的科学家,为了使实验结果万无一失,初步实验以后,她决定再次重复做实验,她请李政道暂时不要把上述结果告诉别人。又经过多次重复实验,终于在1957年1月9日凌晨2时,正式宣告实验成功。在那个激动人心的黎明时分,从事这个实验的5位科学家在实验室里相聚在一起,他们打开了一瓶法国美酒来庆祝这次伟大实验的成功。

随后,吴健雄立刻打电话给李政道,告诉了他这个好消息。之后,她又很快地坐火车从华盛顿回到纽约,特地到李政道的办公室,仔细地讨论了钴实验的细节和结论。

这个实验在物理学的历史上是罕见的。对于一个早已确定的定律,在推翻它的第一个实验中就显示出如此大的效应(两个方向的电子束相差40%),这也显示着3位中国血统的科学家的智慧是杰出的。

次日,美国各大报在头版的显著位置以《物理"定律"错了》的大字标题,报道了上述实验结果。

这是一个令人难忘的、快乐的日子,李政道在哥伦比亚大学星期五的中国午餐会上,惊喜地当众宣布说:"吴健雄等人的钴-60实验已经证实,在基本粒子间的弱相互作用中,宇称是不守恒的!"

在场的人们听了，一片欢腾。举杯热烈祝贺这次实验的成功。席间，大家一面津津有味地品尝着有中国特色的美味佳肴，一面兴奋地交谈着。这时候，李政道和他的同事们正在讨论如何用哥伦比亚大学的一台回旋加速器做实验，他建议身材修长、有很深造诣的莱德曼副教授，在这台加速器上用 μ 介子再验证一次他和杨振宁提出的理论。也就是说，用 μ 介子来验证宇称守恒定律的可靠性。1956 年的暑期，李政道曾经向莱德曼提出过类似建议，当时，莱德曼因考虑到这项实验在技术上难度太大而作罢。这次李政道再次提出以后，莱德曼因得到迦文的帮助，想出了一种新的、更简便的方法。

于是，莱德曼他们在 μ 介子从回旋加速器飞射出来的途径上，放置了一块 6 英寸宽、1 英寸厚的碳块，在碳块的四周绕上一圈电线。μ 介子以 1/200 万秒的速度衰变，每一个 μ 介子形成一个电子和两个中微子。由于它们存在的时间很短促，所以不至于被碳块的热运动扰乱得十分厉害。当 μ 介子射入碳块时，它们都朝着同一的方向旋转。根据宇称守恒定律的法规，在这种情况下，当 μ 介子衰变时，它们应该沿着一个共同的旋转轴，同时朝上下两方发射出同样数目的电子来。但是，在实验中，莱德曼等人发现 μ 介子并没有按照宇称守恒定律的规定做，而是只朝着一个方向发射出两倍数量的电子来。当电线上通上了微弱的电流后，μ 介子却掉过头来，朝着相反的方向发射电子了。这证明，左旋和右旋的介子的行动并不相同。

实验结束时，已是清晨 6 时，莱德曼立刻打电话给李政道，他欣喜地对李政道说："你们的理论是对的，宇称守恒定律已经被否定！"①

在这之后，哥伦比亚大学郑重宣布了这个伟大发现。

当时，欧美各国的物理学界大多数科学家认为，李政道和杨振宁的假说是很大胆的，因为如果要说在弱相互作用下宇称不守恒，这种可能性是很小的。当然，也有少数科学家对两位年轻物理学家的创新思想不以为然。最有代表性的是在 20 世纪最多产的物理学家、瑞士苏黎世高等工业学院（ETH）

---

① 综述 1957 年前后的国内外报刊，以及李政道教授等人的采访谈话。

的鲍利教授了。当鲍利得悉李政道、杨振宁的假说后，他给自己昔日的学生、美国麻省理工学院（MIT）的韦斯科夫写信说："我不相信上帝是一个惯用左手的左撇子，而我准备下极大的赌注，来赌实验将显示出的对称的结果。"

尽管当时国际物理学界对李政道、杨振宁的假说反映并不热情，但是，吴健雄等人却认为，即使实验出现预期结果的可能性很小，也还是应该进行查证这一普遍原则的实验。

这一年的1月27日，实验结果的报告传到瑞士苏黎世，鲍利再次写信给韦斯科夫说："现在在第一次的震撼过去以后，我开始使自己的精神及思想集中起来。"由此可见，连鲍利这样的大科学家在思想上都受到第一次的震撼，表明宇称守恒定律的观念，在科学家的思想中是多么的根深蒂固，不可动摇。

鲍利还写道："现在我应当怎么办呢？幸亏在口头上和信上提起，没有见诸文字，也没有认真打赌，这是一件好事，不然输那么多钱，我怎么负担得起呢？不过，别人现在是有权来笑我了。使我震惊的还不是上帝是左撇子这个事实，而是他为何在强表现时仍是左右对称的呢？"

鲍利从不相信到感到震惊，到被迫接受宇称在弱相互作用中不守恒的事实，表明李政道、杨振宁在当时不仅有超人的智慧，而且还有非凡的勇气，因为像鲍利这样的物理界权威人士，对所谓的宇称守恒定律都深信不疑，年轻的李政道和杨振宁，竟然敢冒天下之大不韪，和公认的"定律"唱反调，这不是一般人能做到的。从另外的角度看，鲍利也不愧是位豁达大度的科学家，在科学实验的事实面前，他坦率地承认自己错了。这在一般的人们也是很难做到的。①

1957年1月30日，在美国纽约大饭店举行的美国物理学会的年会上，专门为在弱相互作用下宇称不守恒的问题举行了特别讨论会，参加这次会议的物理学家人数，创下了美国物理学会历史上的最高纪录——3 110人。不少人和与会的物理学家们都认为，参加这次会议有一种目睹科学历史转折点的感觉。

---

① 摘自《高能物理杂志》1986年9月第3期。

1957年诺贝尔奖颁奖典礼

第四篇　推翻神圣定律

翻开近代物理史，人们会发现一个几乎带有普遍性的事实：凡是在理论物理这个领域里做出重大成就的科学家，一般都是在他们 20 多岁的时候。1905 年爱因斯坦发表的 3 篇著名论文，就是在他 25 岁到 26 岁的时候写成的。量子理论的发现者海森堡，也是在 23 岁时提出量子力学这个概念的。还有薛定谔、普朗克，青年时代就已成就卓著。巴丁一生得了两次诺贝尔奖，早年也是才华横溢。1925 年对量子力学做出杰出贡献的科学家，差不多都是 1901 年前后出生的。李政道是 20 世纪 50 年代中期在世界理论物理学界倏地升起的一颗年轻的新星。李政道由吴大猷教授推荐留学美国后，以其出众的天赋和超人的勤奋，使自己前进的科学之路越来越宽，越来越亮。他被誉为 23 岁的"神童博士"；30 岁当上正教授，还是年龄最小的诺贝尔奖获得者。李政道自己则认为："代代出新人，科学在少年。"现在，我们不妨再回到那个时代，一起领略一下那些使海内外的炎黄子孙们都为之振奋的时日。

李政道、杨振宁获得 1957 年诺贝尔物理学奖的消息传开以后，极度兴奋的物理学家们纷纷予以祝贺和询问，赞誉也从世界各地如潮水般地涌向了李政道和杨振宁：

"这个发现，在现代科学史上具有划时代的意义！"

"这个发现，可以和爱因斯坦的相对论、1887 年迈克尔孙与莫雷两人证明'传光的以太'并不存在的实验相提并论！"

"这个发现，为今后建立新的物理学定律扫清了道路！它可以和爱因斯坦打破牛顿力学万能理论相媲美！"

"李、杨的发现，比分裂铀原子的发现还要重要得多，因为它揭示了物质奥秘的内幕！"

……

物理学家们都认为，由于这个发现，物理学已经进入了一个新纪元。世界各国的报纸和杂志竞相刊登关于这个伟大发现的新闻。《美国新闻周刊》说："哥伦比亚大学的教授们认为，这个发现是过去十个忙碌的年头中，物理学上最重要的一项发现！"

一个被认为天经地义、金科玉律的自然界基本定律——宇称守恒定律，在经过一篇文章的深刻分析，一个（或最初几个）实验的证实之后，被判定为并不普遍存在，并且局部的破坏达到极大，这在古今中外的科学史上，即使不算空前，恐怕也是极为罕见的。因此，人们普遍地感觉到：粒子物理研究的一个新的时代开始了。

奥本海默教授在得知实验结果后，打电报给杨振宁说："走出门了！"因为杨振宁在1956年曾经把高能物理学家们的处境比作一个人在暗室里转。[①]

苏联物理数学博士什穆什凯维奇也在苏联《科学与生活》杂志上发表长篇文章，谈了李政道和杨振宁这个重大发现的详细经过。

喜讯传到刚成立不久的新中国，科学界更是一片欢腾。著名物理学家吴有训、周培源和钱三强，代表中国物理学会特地打电报给李政道和杨振宁："中国物理学家对这一可喜的事件感到自豪！"并且在北京专门举行了学术报告会，介绍了李、杨的成就，向两位年轻的物理学家遥致敬意和祝贺。

1957年5月5日晚上，李政道和杨振宁来到纽约的耶希瓦大学爱因斯坦医学院，接受了1957年的艾伯特·爱因斯坦奖金。

这个震惊世界的伟大发现，无论人们怎样赞美都是不过分的。年仅30岁、风华正茂的李政道，和34岁的杨振宁，在人们赞不绝口的惊叹时，在想些什么呢？有一天，他们突然出现在记者们期待已久的招待会上。会上，各国记者们七嘴八舌地提问题，李政道和杨振宁站在麦克风前，谦逊地微笑着。在接连不断地询问中，李政道打了一个生动的比喻来回答记者们的提问。他说："可以打这样一个比喻，就是说原有的定律以前看来似乎像是开在墙上的一扇门，现在结果发现根本不是一个出口，而只是画在墙上的一扇门！"

也就是说，两位勤于探索的年轻物理学家，不迷信权威，不受传统观念的束缚，已经发现了真正的门，而且把它推开了！门打开以后，呈现在物理学家们面前的，究竟是个什么样的世界呢？由于找到了真正的门，难怪人们

[①] 摘自《高能物理杂志》1986年第3期。

会把这个伟大的发现视作划时代的。

过了些日子,又一个令人兴奋的消息传到美国:诺贝尔奖委员会正式宣布,授予李政道、杨振宁1957年度诺贝尔物理学奖。1957年10月,李政道和杨振宁获得诺贝尔物理学奖的消息又迅速地传遍了全世界。

一位美国记者生动地记述了当时的情景:

一天,李政道和杨振宁正在美国新泽西州的普林斯顿高级研究所的办公室里讨论研究工作,美国物理学家们闻讯后,纷纷赶来向他们表示祝贺。桌子上的电话机每隔几分钟就响一次,不断地有人送来了贺信。

这天,李政道和杨振宁容光焕发,在他们身后挂着的黑板上,写着许多方程式。

李政道在回答人们的询问时说:"我们的工作是由于在物理学上有一个'疑惑不解'的问题引起的,我们想起一个概念能够予以解释,于是设法从理论上说明了这个概念。"

"整个过程和汽车公司用来测量汽车的尾鳍应该多高的过程没有多大不同,坐下来算算就算得出来!"杨振宁诙谐地说道。

显然,这是他们的谦逊之辞,问题绝非这么简单。

1957年12月初,李政道应丹麦A. 玻尔教授①的邀请,先到丹麦讲学。

12月8日,李政道和夫人秦惠䇹一起,从丹麦坐飞机抵达斯德哥尔摩(杨振宁夫妇另道抵瑞典)。李政道来这里是接受诺贝尔物理学奖的。

飞机着陆以后,欢迎的人们蜂拥而至。他们当中,有瑞典的外交官、瑞典皇家科学院和诺贝尔奖委员会的代表,还有各国驻瑞典大使馆的使节,以

---

① A. 玻尔教授也是诺贝尔奖得奖者,其父N. 玻尔,是原子构造模型的创立者。此处为李政道教授亲注。

及中国驻瑞典大使馆的文化参赞。

在斯德哥尔摩机场上人声鼎沸时，机场上忽然传来一阵急切的中文呼喊声："李政道！李政道！"正在和欢迎者握手的李政道和秦惠䇹听到呼喊声，不禁一怔。李政道四处张望，发现中国著名物理学家张文裕教授正在向他招手呢！原来，张文裕是受中国政府的委托，专程从北京经莫斯科到斯德哥尔摩对李、杨表示祝贺的。这天，张文裕见欢迎的人太多，挤不进去，便隔着人群在远处大声地用中文呼唤起来。张文裕虽然在昆明西南联大当过教授，但是，李政道到昆明读书时，他已经到美国去了。他们在美国相识，曾多次见面。在这之前，张文裕曾先后在美国普林斯顿高等研究所和普渡大学任客座教授，1956年，他和妻子、著名理论物理学家王承书从美国回国。不久，他便接到美国著名物理学家邬伦伯克的来信说，李政道、杨振宁取得了重大成就，他们提出的在弱相互作用下，宇称是不守恒的"李—杨假说"，被吴健雄教授所做的实验证实了。邬伦伯克教授这位电子自旋理论的创立者，在信中转述美国科学家的话说："1957年是中国物理年！"

回国不久，张文裕便被中国政府派往苏联的杜布纳联合核子研究所工作。李政道、杨振宁获得1957年诺贝尔物理奖的喜讯传来，中国政府特地派他前往祝贺。

海外遇乡音，当然是分外亲切。听到喊声，李政道拨开人群，赶到张文裕的面前，十分惊讶地说："呀，张老师，您怎么来了？"

"国内让我赶来祝贺你们的！"张文裕笑嘻嘻地说。

"呵，国内对我们这样关心？！"这意料不到的会见，使李政道感动得几乎流下了眼泪。

这时，李政道虽然已是蜚声国际的著名学者，然而，在他的心灵深处，依然觉得自己仍是十几年前那位坐在茶馆里专心致志读书的英俊少年。故国老师的突然出现，勾起了他对童年的回忆和对亲人的思念。尽管授奖活动日程安排得很紧张，很忙，但他还是抽出时间和杨振宁一起，到张文裕下榻的旅馆看望了张文裕，并且邀请张文裕参加授奖典礼和瑞典皇家为他们举行的盛大宴会。①

瑞典著名的化学家和发明家诺贝尔（Nobel），于1895年在巴黎写下遗嘱，把他的遗产捐作基金，将基金每年的利息授予在物理学、化学、生理学或医学、文学以及在保持和促进和平事业方面，对人类造福最大的那些人。

1900年，瑞典国王和议会宣布成立诺贝尔基金会，保管诺贝尔遗产作为基金，同时颁布了有关的管理条例。每年的12月10日——诺贝尔逝世纪念日，在瑞典的斯德哥尔摩和挪威的奥斯陆（和平奖），举行授奖仪式，宣布授奖理由，颁发奖金、证书和金质奖章。

1957年12月10日下午，隆重的授奖典礼开始了。

这天，瑞典皇家科学院音乐大厅里张灯结彩。身穿燕尾服和晚礼服的瑞典贵族、外交使团的代表、著名的科学家、作家以及社会名流们济济一堂，瑞典国王、王后及皇室人员驾临后，颁奖典礼正式开始。

仪式是很隆重的。先在音乐大厅，然后到斯德哥尔摩金碧辉煌的市政厅举行晚宴。在诺贝尔奖委员会代表的陪同下，和身穿中世纪服装的武士鸣吹古号角的乐声中，李政道教授领先，其后是杨振宁教授和其他的获奖者，依次登上礼堂中的讲台。

在全场鸦雀无声的庄严气氛里，李政道先是用中文，然后用英文发表了演讲。

> 瑞典国国王、王后，各位王子、各位公主、各位高宾：
>
> 得诺贝尔奖，可能是任何一个科学家能受到的最高荣誉。过去获得诺贝尔奖的著名物理学家的名单中，有很多是在半世纪以上的过程中，做出划时代贡献的物理大师。而能在如此伟大的成绩中，也被包括了自己研究的结果，使我充分了解自己的能力之有限。
>
> 一个科学上的成果，永远是许多在同一或有关领域中的工作者

---

① 张文裕教授采访谈话，1979年12月22日，于张文裕教授在北京的寓所。

的累积的结果。我们今日的观念和知识，如果没有过去的经验，就不会存在。没有现在的激发也可能不产生，没有未来的实验就不能演进。虽然由于这许多因素才造成任何进步的整体，往往人们只记得最后的光辉收获而忘记了其中的血汗劳工。在今天的隆重仪式上，我是格外地感觉到另有多位大物理学家，他们为了我们对自然界的了解已经做出很高的贡献，可是还没有像我今天这样受到如此的荣誉。

因此我是甚感谦虚地敬谢瑞典的皇家学会颁授予我和杨振宁博士1957年的物理学诺贝尔奖。①

李政道在演讲中还说：

在前面的杨教授讲话中已向诸位概述了在去年年底前我们对有关物理学中的各种对称原理的认识状况。在那以后，在短短的1年时间内，这些原理在各种物理过程中的真正作用极大地被澄清了。如此显著的迅速发展只有通过世界各国各个实验室的许多物理学家们的努力和技巧才得以实现。为了对这些新实验结果有一个适当的洞察和了解，或许可先就我们对基本粒子和它们的相互作用做一个非常简单的评述。

大厅里鸦雀无声。随后，李政道分四个部分做了评述。李政道最后说：

科学的进步总是我们的宇宙观和我们对自然界的观测之间相互密切影响的结果，前者只能从后者中推演出来，而后者也被前者极大地制约着。这样，在我们对自然的探索中，我们的概念和我们的

---

① 摘自李政道获得1957年诺贝尔物理学奖的演讲。

观测之间相互影响,有时会在早已熟悉的现象中引导出完全没有预料到的情况,就如现在的情况那样。这些隐蔽的性质往往只是通过根本改变我们有关支配自然现象的原理的基本概念后才发现的。虽然这是人尽皆知的,不过能够在很短的时间内在一个单独的例子中看到这两种因素——概念和观测的相互影响和促进是一个非常丰富和值得记取的经验。

……

演讲快要结束的时候,李政道兴奋地说:

我能在此向诸位报告在目前的宇称不守恒和弱作用有关的发展中的部分经验,确实是一个特殊的荣幸。①

在这之后,诺贝尔奖委员会的代表们发表演说,盛赞得奖人的成就。瑞典皇家科学院的代表克莱思博士在演说中高度评价了李政道和杨振宁的成就。

克莱恩博士说:"两位物理学家由于对所谓宇称守恒定律做了精湛的研究,从而导致次原子粒子方面的重要发现,因而共同获得诺贝尔奖。这两位获奖者所进行的研究,实际上推翻了30多年来被普遍认为是自然基本定律的所谓宇称守恒定律。"

他在演说中还引用了中国古代哲学家老子的学说。克莱恩博士说:"老子当然没有谈过粒子,但他说过最深奥的人生原理——'道',物理当然远比人生简单。"

随后,李政道和杨振宁接受了42 000美元的奖金和金质奖章。

典礼结束时,由斯德哥尔摩大学的全体应届毕业生,代表年轻一代向得奖者致词、唱歌和致敬。

---

① 摘自李政道获得1957年诺贝尔物理学奖的演讲。

李政道代表 1957 年的全体得奖者致辞答谢。他娓娓动听地向学生们讲述了中国古典小说《西游记》中孙悟空修炼成王、大闹天宫，最后被如来佛收服的神话故事。

演说快结束时，李政道说：

> 在我们追求知识的时候，我们也许会有很快速的进展。但是我们必须要记住，纵使是我们已经在如来佛手指的底部，但是，我们离绝对的真理，还是非常遥远的。①

次日，瑞典国王、皇后在皇室中宴请了全体获奖者。

12 日早晨，瑞典国王阿道夫又特地把李政道和杨振宁请到皇宫里，亲自领着他们观赏了国王私人收藏的中国古董，他们边谈边看，浏览了一个多小时。国王对这些古董及其掌故谈得津津有味，国王是位古董鉴赏家，平时他把这些名贵的中国古玩只是作为秘珍自赏，很少出示给任何人，李政道和杨振宁以及他们的夫人秦惠䇹和杜致礼由国王一家亲自陪同观赏御藏家珍，可以说是莫大的礼遇。

3 天以后，李政道和杨振宁以及他们的夫人自斯德哥尔摩返回纽约。当时，李政道和杨振宁均是中国籍，可以说是中国人第一次获得了诺贝尔奖。李政道的成就是 29 岁时做出的，就年龄而论，他是世界上获得诺贝尔奖年龄最小的两个人之一，另一位是英国的劳伦斯·布拉格（Bragg），他是和他父亲合作，共同获得诺贝尔奖的。

在长时间的、不绝于耳的赞美声中，李政道给他哥哥写过一封信，诉说了自己的心情："我做梦也没有想过这些事，我只是对科学研究有兴趣，对荣誉、奖金，我既无奢望，也没有野心！"

许多年过去了。李政道写过一篇题为《艺术和科学》的文章，谈到对称

---

① 摘自 1957 年前后国内外报刊综述。

与非对称时,他说:

> 对自然界的对称性的欣赏始终贯穿于人类的文明之中。各种规则的晶体,无论从宏观看,还是从微观看,都是自然界中严格对称的例子。这激发了人类在装饰艺术中的相应尝试,例如中国的窗棂图案。
>
> 为准确地描写对称性,波利亚(George Polya)在1924年证明,一共有17种二维的格点对称模式……
>
> 虽然,波利亚的证明到本世纪(20世纪)才确立,研究中国传统的窗棂图案是否已包含所有17种模式仍然是一件有趣的事。若果真如此,很可能中国古代的工匠已知道这一科学结论:左右不对称。

他在这篇文章中,还妙趣横生地写道:

> 对称的世界是美妙的,而世界的丰富多彩又常在于它不那么对称。有时,对称性的某种破坏,哪怕是微小的破坏,也会带来某种美妙的结果。
>
> 宇称守恒定律的否定,正是由于发现了基本粒子在其弱相互作用中有左右不对称的变化。1994年,我在西安博物馆里看到,汉代竹简上将"左右"写为"左主",颇受启发,有感而书:
>
> > 汉代式系镜中左,近日反而写为右;
> > 左右两字不对称,宇称守恒也不准。①

2006年1月的一天,在世界物理年为庆贺复旦大学和爱因斯坦的著名方程 $E = mc^2$ 共同的百岁华诞,79岁的李政道在这所大学的美国研究中心做了一

---

① 摘自李政道:《艺术和科学》,《科学》第49卷第1期。

次激情演讲。当有人问他是否是出生在上海时,他讲了一句上海话:"阿拉是上海人!"

贵宾厅里顿时笑声一片。

当有人问"中国人离诺贝尔奖还有多远"时,李政道讲了这样一番话。他说:

> 丢掉所有过去宇称守恒的包袱,走出这个思维定势的堡垒,你才能豁然开朗。并不是1956年忽然改变了外界的宇宙,而是1956年我和杨振宁发表的宇称不守恒的文章,改变了整个物理界以前在"对称"观念上的一切传统的、探深的、错误的、盲目的陈旧见解。
>
> ……
>
> 我能在1957年获得诺贝尔奖完全是意料之外的。当然,获奖是好事,是我们中国人共同的骄傲,这让我惊喜万分。但我始终坚信,如果一味地把诺贝尔奖当成追逐的目标,那往往会令你迷失在追名逐利的浮躁中。得不得诺贝尔奖,这个不是目的,科学本身才是目的!
>
> 科学,必须拒绝浮躁,必须严谨踏实。①

---

① 摘自《解放日报》2006年1月11日。

第五篇　实现 CUSPEA 计划

这是我的一点心意，给中国培养人才是有意义的。

——李政道

CUSPEA（China-United States Physics Examination and Application Program）这个英文词头缩略语的意指中美联合招考赴美国留学的物理研究生项目。

"四人帮"垮台以后，为适应四个现代化的需要，国家准备派遣一批访问学者和留学生到美国进修。当时，美国的名牌大学对中国学生既不了解，也不信任。

许多美国第一流的学校，至少在物理系，还不肯接受任何一个中国留学生做正式的研究生。除访问学者外，很多留学生都是旁听的。

1979 年春天，李政道来中国访问，他了解到这个情况后，对我国有关部门的负责人说："为什么不派正式的研究生呢？这样做可以得到学位，受到和美国学生同样的训练，至少在理学院，可以得到美国政府的资助，不用中国政府出钱。"

回到美国，他一直在为这件事操劳。这一年的 11 月 9 日，他在写给中国科学院原副院长严济慈的信中说：

> 裘照明等五位同学都早已在纽约安住下来，汤拒非先生亦已来哥校，他们给我们学校和系的印象很好，想来也已有信向您直接报

告,我们希望他们将来能一切成功。

在这封信中,想和您商量一下,关于明年继续接受由中国来哥校物理系做研究生的问题。

通常我们收研究生都需要经过 Graduate Record Examination(简称GRE),由GRE的结果,加上学生在大学的课程成绩及教授的介绍信而决定。因为中国还没有设置GRE考试的考点,所以关于明年的招生,我们希望能与类同,麻烦您和其他教授帮助我们办理,不知道能够吗?

一、这一次招生,我们想以研究院和北大为主。因而,同时我也有一封信给周培源校长,甚盼您和他能取得联络。

此外,我们希望其他学校物理研究生和大学生中程度好并有兴趣的学生也能参加。

二、不同学校的学生必须在同一地点、时间参加考试。地点和时间只能请您和北大决定。

假使来得及的话,最好能在明年一月三、四日(或以前)考。因为那时候我恰好来中国参加广州理论物理会议。

三、考试题目,已由哥校物理系出好,随函寄上,请代严为保存。

考试全长时间是两整天。答案请用英文。

四、请研究生院和北大的老师们能代为改卷子。

五、我们希望能收到前十名考试卷子,连同他们的大学和其他履历及教授介绍信。

假使考卷能在一月十二日前改好,则我在广州会议后路过北京时可带回纽约,否则请寄下。

六、他们的英文程度想请研究生院和北大的外语教师加以审定,口试和笔试都可以,这里不另出题目。

七、我们根据他们的考试结果、英文程度和学历,再决定录取的名额。(我的估计,大概是两三位。如成绩有特好的亦可略增,否则略减。)

录取者,望能在明年八月下旬来纽约,待遇与裘照明等相同。诸事麻烦,容明春北京见时再面谢。

在这同时,李政道在美国还在思考如何把给中国培养学生这件事扩大到其他学校。那时,他在美国从事教学工作虽然已有30多年,但是,始终没有担任过学校行政方面的事务工作。一天,他把哥伦比亚大学物理系的系主任 A. 萨克斯(A. Sachs)教授请来讨论:"我虽然在美国教书多年,但是对美国的招生细则不很清楚,请你给我讲讲美国的招生程序。"于是,Sachs 教授跟李政道详细介绍了有关的问题。李政道发现,请求入研究院的手续繁复,要考 GRE、TOEFL(托福),除建立考点,还需要相当可观的美金数。当时,一般的中国学生根本无法承受。

思忖半晌,李政道说:"好的。现在我想把美国对中国学生的招生制度改良一下,发明一个新制度!"当时,Sachs 教授觉得遇到很大困难。可是,李政道仔细考虑后,计划了一套新的制度,他把自己的构思详细写下来,寄给了 40 多所美国第一流大学的物理系主管。问他们如果愿意招收中国学生的话,请填表参加这一新的组织,表上说明他们的研究院有哪些科研专长项目。具体的要求与条件是:凡被接收的中国学生都是该校的正式研究生,生活费、学费和医药费等,全部由校方供给,直到得到博士学位为止。他在致各所大学的函件中保证说,他一定送去高水平的中国学生,并且给这新的招生办法和组织起名为 CUSPEA。

当年的 12 月 26 日至 29 日,美国哥伦比亚大学、弗吉尼亚理工学院和俄勒冈大学等 7 所学校共录取了 13 名中国研究生。

在这之前,李政道在参加广州粒子物理讨论会途经北京时,向马大猷、吴塘等人提出了在全国推行 CUSPEA 的初步设想。当时主持科学和教育工作的方毅和蒋南翔等随后转达了李政道的建议,中国的领导人表示同意。

1980年1月10日，李政道在致方毅副总理的信中，正式提出了CUSPEA的设想。他在信中说：

方副总理：

　　谢谢您去年冬天的来信，更高兴您对"送大学毕业生出国进研究院"可形成为"训练科学工作者方法之一"的支持。

　　这封信想继续谈谈目前如何发展这条道路的一些问题，极希望您能加以指正。

　　在上封信中，已提过美国训练本国的理科科学人才的情况是：一般好的理科研究院学生的学费和生活费都是学校负责。通常在研究院的第一年（有的学校亦包括第二年），除上课、研究外，各研究生需担任很少时间的教务工作。① 如管理实验室、辅导大学部的学生、改卷子等。这些工作也是研究生的整体训练的一部分，使他们不养成只顾自己的态度，在研究院的第二年或第三年开始，各研究生就以全副精力从事研究直到获得博士学位为止。

　　在第一、二年时，美国大多数物理系研究院的学生是不分理论、实验的。这样训练出来的学生是比较全面的，与苏联制度不同。

　　您知道，去年我们哥伦比亚大学的物理系研究院收的5位中国研究生都是成绩极佳，上学期考试各科的第一和第二名都在他们5位之中。今年想再收3名左右，已在科学院研究生院和北大的大力襄助下进行了考试。录取来哥校后，他们的待遇和去年的5位一样：哥校对每位每年出13 000多美金（其中除学费8 000多美金等外，包括5 400美金的生活费用），直到得到博士学位为止。

　　因为哥校成功，有些美国的其他大学也想效法。

　　我现在有一个对推广哥校做法的想法，即在今春将美国一些好

---

① 李政道教授在修改本文时注：在哥伦比亚大学，这指每星期6小时的工作。

的物理系研究院的大学（估计约30所）联系起来，每年共同出一组考试题目，请科学院主办，每年年底前在国内举行统一考试。这统一考试的目的是建立一个客观的标准，然后各学生可以这个考试的分数及大学的成绩和教授的评价向美国各大学请求入研究院，可以不只向一所学校请求入学。

当然，这个计划目前仅在我个人的思考之中，尚未展开。假使成功，每年可有30位以上新的物理研究生在美国。如物理成功，化学、数学想来亦可相继成行。这样，将来每年约共达百名左右。训练他们的方法是和美国训练好的科学人才是完全一样的，因而他们每人在美国一切的学费和生活费也是美国各学院负担，和美国对本国的理科研究生一样。

但是，想来在国内各同学参加考试，和如申请成功来美国，种种步骤一定也是不简单的。

假使这个考试是在北京举行，是否在外地的大学能允许本校有高才生参加呢？能否资助他们去北京参加呢？

将来如考试申请一切成功后，由中国至美国的旅费是否能得到国家资助？

假使这一计划成功，第一次考试将在今年年底前举行，那是为了1981年能入研究院，是否各大学能允许1977年入学的大学四年级学生参加？

这些和其他的问题，极望您能加以指点。

专此敬祝

您和夫人健康

李政道
于从化

过了些日子,方毅回信表示对李政道的建议"深为赞同"。

为了使 CUSPEA 计划顺利进行,为了早日成功培养出一大批为国家效劳的中国物理学家,李政道真可谓呕心沥血。利用他自己在国际物理界的威望,在 CUSPEA 旗帜下,尽可能多地聚集起全美第一流大学的物理系,共同参与对中国物理人才的培养工作。从 1980 年 2 月 1 日写给哈佛大学物理系主任卡尔·斯特劳奇教授的信件,就可洞见李政道的一腔报国激情及处理问题的严密与细致的逻辑思维方式。

亲爱的卡尔:

我写此信的目的,是邀请贵系加盟建立一项从中华人民共和国挑选物理研究生的客观标准。您知道,GRE(美国研究生入学考试)考试至今还没有在中国设立考点,然而有大批中国大学生希望来美国进修学习,其人数明年无疑还要增加。在这一过渡时期,哥伦比亚大学物理系采用了一项临时性的招生程序,事实证明非常成功,或许可以为其他美国大学普遍采纳。

我们采用的方法非常简单,即提供一份我们自己命题的试卷,考试范围和难度相当于美国研究生入学第一年的资格考试。第一次考试是去年春季进行的,当时我亲赴中国组织考试。第二次考试的时间是 1979 年 12 月 26 日至 29 日,由中国科学院研究生院和北京大学物理系共同承办,承办者事先已将此事通知了其他中国大学和研究机构的物理专业毕业生。试卷在中国初评,评分前十名的试卷被送往哥大复评,结果两次评分的分数基本相同。这两次我都有机会对每位优秀考生进行了半个小时的面试,这使我对他们每一位都有一个总体印象并大致了解了他们的英语口语水平。此外,我们还请科学院准备了一份英语书面考试卷。中方承办者的出色工作——他们做到了精心准备,客观公正——为我们提供了一种完全能够替代

GRE 的考试。

去年春天第一次考试的结果是：我们录取了五名中国研究生。他们于同年 8 月来到美国，参加第一年的正规学习——不仅要学习正常的专业课程（量子力学、统计力学和电磁理论），还要承担一部分教学任务。这五名学生两项工作都完成得十分出色。在今年春季的这个学期一开始，他们都通过了我们的资格考试，其中三人分别名列第一、第三和第四位（第一名很可能打破了我校的记录）。他们的资格考试成绩和他们各科平时的成绩相一致。事实上，部分由于这第一批学生的成功，我们又在去年 12 月的第二批应考者中录取了四名尖子生，他们将于 1980 年 9 月入学。

成功的经验使我们乐观地认为，在中华人民共和国正式通行 GRE 考试之前，我所描述的这样一种招考方式也许适用于全美国。而且，我们感到哥大物理系不应独享这一优秀生源。自 1977 年中国恢复高考制度以来的第一批四年制大学生将于今年完成学业，他们中的一部分将参加我们今年秋季的考试，这是一件不同寻常的事情。有鉴于此，我们更为强烈地感到：这一优秀生源不应由我们独自享有。

我们首先邀请所有感兴趣的物理院系填好信中所附的调查问卷。假定回答是肯定的，那我们就将拥有一大批愿意加盟的美国大学。它们将参与以下步骤：

1. 每年选出两个物理系来准备并全权承办考试事宜，任期不超过两年。

2. 试卷将被送往中国，中国科学院研究生院和北京大学将共同主持考试，并负责通知所有其他中国大学和物理研究机构。首次考试定于 1980 年 10 月或 11 月在北京举行，估计会有几百名符合条件的学生参加，他们来自中国各地（有些已经大学毕业，但大多数是大学四年级学生）。试卷将由中国物理学家评判。由于这项工作对中方来说在组织等方面不算太难，我已经收到了来自各方面的保证，包括副总理方毅（他也是科学院院长）和教育部长蒋南翔，都表示坚决支持我们的计划。我有充分的理由相信，所有具有参考资格的中国学生，只要他们愿意，都将能够如愿以偿。

3. 两名美国物理学家（由承办考试的两所大学各派出一名）将前往中国，对名列前五十位的考生进行面试。（本步骤或可省略，但它确实有助于我们获得一些对中国考生的感性认识——这一点至关重要。）

笔试和面试结果将通知参加该项目的所有美国大学的物理系。

4. 此时，考生可以把大学成绩报告单和推荐信寄往其选中的学校，申请入学。但是，鉴于中国学生在索取和获得申请表格方面存在实际困难，我们建议采取统一简化的申请手续：

第一，每位考生将得到一份参加该项目的美国大学物理系的清单，连同各系对调查问卷上第2～6项的回答。有了这些资料，考生就能填写一份"预申请"表，选定五所中意的学校（附校表）。

第二，考生把表格和大学成绩报告单寄往所选择的系，但是推荐信另寄。所有信件应于一指定日期之前到达。

第三，每个物理系都将拥有充分的资料，以便顺利地做出录取决定。假如某系中意于某一位考生，而该生又未把该系列为第一志愿，则明智的做法是在录取之前弄清该生是否已为他校录取。可以根据"预申请"表所列的顺序，与各校物理专业招生负责人进行电话联系。

一旦决定录取某位考生，即可安排其填写一系列正式申请表，每所大学无疑都需要这些表格。由于中国学生自己无法获取外汇，因此有必要豁免所需的申请费用。

第四，为了避免混乱，应要求考生把填好的申请表寄回相关的物理系，由各系转交给招生办公室。

以上三、四两项亦需限定截止日期。由于必然会出现一些未知因素，截止日期后还可以进行某些调整。如果录取日期定得足够早（譬如说1月底），那么就有可能重新安排那些未被所选学校录取的学生。

5. 美方的主要协调工作自然将落在两个承办系的身上。如果任务过于繁重，则可设立一个小型的、更为固定的委员会来处理各种事务。这样一个委员会亦有助于使今后的操作更具连续性。

考虑到中美两国教育体制的巨大差别，我们显然需要一个选拔人才的客观程序。以上所提的仅仅是本人构拟的一个试验性草案。如蒙您鼎力相助，或许能暂应一时之需。

您诚挚的

李政道

1980年2月1日

李政道的这番为人才培养而辛劳奔波与呼号的牵动，自然吸引了美国众多学者的关注与参与。第一批46所著名大学的物理系都加盟了CUSPEA计划。李政道要将这项计划组织得更周密，因此，得经常保持与这些学校的联络，体现了一位大科学家非凡的组织能力与管理才华。哪怕是一些极细微的操作步骤，他也会考虑得十分周到。1980年4月9日，他又亲自给参加CUSPEA的美国各大学发了如下一封信：

这是关于中国—美国联合招考物理研究生项目的第一份报告。由于贵校的关心和支持，我们已经顺利地迈出了第一步。共有46所美国大学加盟。随信附上学校名录。今年的考试将由哥伦比亚大学和康乃尔大学负责命题。

近日我分别收到方毅、严济慈、周培源、钱三强诸位先生的来信，信中重申了他们对在中华人民共和国开展该项目的坚定支持。在此，我建议诸位各向中国赠送一份我们现有的招收研究生的院系名单及任何其他有关这些院系的材料。这些资料经汇编后，可连同你们的问卷一起在中国编辑成书，提供给所有有志参加考试的学子。请尽快惠寄有关资料，以便及时成书，不误考期。为诸位方便起见，信中已附回邮地址。如有可能，信件请航空邮寄——因为平邮约需两个月时间（据我所知，有时甚至→∞）。

致以

最诚挚的问候

李政道

1980 年 4 月 9 日

1980 年 4 月 16 日，教育部部长蒋南翔和中国科学院副院长严济慈又给李政道写信说："我们对您如此热情地为推动美国大学联合在我国招考研究生，并在如此短的时间内，得到这么多大学的响应，深受感动。"信中还说，完全同意李政道所做出的安排，感谢他为祖国"四化"所做的极有价值的工作。

那时，李政道在哥伦比亚大学的教学和科学研究工作非常繁重。白天，他在学校工作，下班以后，处理为中国培养人才和建造对撞机的事情。几乎每天晚上都工作到深夜，这样的工作节奏不是一两天，而是持续许多年，并且全部是义务劳作。国内有关部门曾多次提出愿意支付给他相关的费用，但都被他婉拒了。他说："这是我的一点心意，给中国培养人才是有意义的！"

中美物理联合考试工作就是在这样忙碌中开始的。各种手续办妥之后，他又亲自从美国给中国各地正在准备应考的同学们写来了充满期望的信。

他在信中写道：

亲爱的同学们：

这次由于中国科学院、教育部、各大学及研究院的负责人和教授们的大力支持，使 CUSPEA 初步有了很好的结果。当然，最主要的是你们自己的努力。

因为 CUSPEA 的程序是一种新的尝试，与中国、美国通常的入学方法不一样。随信附上我给美国 58 所大学物理系的通告（12 月 12 日发出），其中详述了一切申请和录取的手续和处理的期限，阅后请与中国科学院研究生院严济慈院长办公室取得联系，使一切步骤能按时进行。虽然美国的各大学是各自为政的，但是我们会尽最大努力，使你们 132 位之中的绝大多数得到录取。

来美国后，请不必立刻定专业，除自己的兴趣外，对将来的用处，国家的需要，亦请多加考虑。大体而论，做实验的应该远比念理论的要多。请注意，进研究院不过是学习的初步，得博士学位亦仅是就业的开始。这次你们考试成功，充分表现了中国的高等学校有很好的水准，而将来你们学成回国后，可更快地提高各大学和研究院的质量，使之超过世界水平。科学基础好，工农业也可以随之发展。

祝你们
前途光明

李政道
于纽约
1980 年 12 月 13 日

李政道委托长孙李善时为 CUSPEA 四十周年纪念会带来画作,上面写道:"千枝万根皆相连,遍野成林仅一树。"

在李政道教授的不懈努力下，1980 年美国 60 多所大学在中国联合招考的第一批研究生共 127 人，翌年赴美，他们在 60 多所著名大学受到与美国本国最优秀的学生同样的培养和训练。他们之中，除 8 人学理论物理外，其余的都是学习中国急需的应用物理和新技术方面的专业。127 人全部享受美国提供的公费待遇，按每人每年学费和生活费的下限 10 000 美元计算，仅第一批 127 个留学生，每年就为中国节约外汇 120 多万美元。

CUSPEA 计划，在美国产生了很大的影响。被录取的学生在美国各大学刻苦勤奋地学习，为中国学生赢得了很好的信誉，美国各大学物理系都要求接收中国学生，这在这些著名学府的历史上，是绝无仅有的。

自那时起，在将近十几年的时间里，李政道对中国如何更有效地派遣留学生的问题，一直此心耿耿，他在美国做了大量工作，仅就 CUSPEA 问题写给中国有关负责人的信件，就多达数十万言。他在信中，反复地阐述了自己有关培养人才的观点，介绍了美国的教育制度和培养人才的经验、做法。

……

40 年转瞬即逝。2019 年冬天，由 300 多人参加的 CUSPEA 四十周年纪念会在西安举行，李政道因青少年时代求学路上遇车祸，腰部受伤，到老攫后行动不便，已经不能来中国了。

他对这次集会很重视，特地让他的长孙李善时带来信函及画作。信中说："十年树木今成林""薪火相传""科学属于全人类"。他在一幅画有大榕树的画上写道："千枝万根皆相连，遍野成林仅一树。"李政道解释这幅画说：

全中国人事实上是一个人，我们是全世界最大的一个人，精神相连，就跟这棵大树一样，我们每一个人都是同一棵树的一个枝干，每一棵树是整个一棵树的一部分……整个中华民族就是一个人，是全世界最大的人，是历史上最大的人，也是将来最大的一个人。

第六篇　创建"博士后"制度

从 1980 年开始,由李政道倡导的中国—美国联合招考物理研究生项目(CUSPEA),在中国政府的支持下,派遣中国物理研究生到美国大学攻读博士学位。

中美大学之间,多年互不联系,彼此缺乏了解。当时,中国还没有设置 GRE 和 TOEFL 考试的考点。而就是今日,要参加 GRE 和 TOEFL,也必须先有美金的准备。李政道所倡导的 CUSPEA,为中国派遣留美研究生开辟了一条新的途径。

这个办法的要点是:

1. 将美国各所大学各自的招生制度统一起来,由 CUSPEA 任命的美国教授负责物理考题,中国教授负责英语命题,在中国举行考试、阅卷和评选推荐,最后经个人申请,由美国大学录取,并保证一切费用。以此建立一项从中国挑选物理研究生的客观标准来代替纯美国为主的 TOEFL 和 GRE。

2. 在入学申请的程序上,省略了美国大学通常必须填写的入学申请书和入学申请费,也不必经过一般学校的招生处,而是用李政道设计的申请表,提前直接寄到各校的物理系,这种操作方法与程序对美国学校请求入学的制度来讲是空前的。

3. 美国大学的物理系,一般在每年 2 月开会讨论录取研究生,而对 CUSPEA 学生的第一轮申请,在 1 月底以前就要做出决定,这是优先录取。

4. 美国大学对录取的 CUSPEA 学生，一律提供资助，直至获得博士学位。

CUSPEA 项目的实行，是中美两国科学教育界友谊的结晶，是热心于两国学术交流的友好学者共同努力的结果。

CUSPEA 的实行，凝聚着倡导者与实践者李政道教授为培养祖国青年一代优秀人才的殷切希望。为了 CUSPEA 的顺利进行，每年他都要飞越重洋回国，或亲拟函电向中国有关负责人提出建议，与有关部门联系落实各项事宜。在美国，所有有关 CUSPEA 的工作，包括同几十所大学的联系、组织命题、邀请教授来华参加面谈，直到为被推荐学生分送材料，解决特殊疑难问题，等等，他都事必躬亲。发出的函件每年多达数百封，电话更是不计其数。为此，花费了他大量的宝贵时间，而这一切在美国发生的费用，也是他个人负担的。

"给中国培养的人才，我不希望他们留在国外。"李政道坚定地说。为此，"国家必须在国内为他们制（创）造条件"。创办 CUSPEA 以后，李政道不仅关心同学们在国外的活动，而且早在 1984 年，他就向中国领导人建议：在国内一些高等院校和研究机构建立若干个"博士后科研（技）流动站"，为同学们学成归来以后提供工作条件。

1984 年 5 月 16 日，李政道向邓小平、胡耀邦等中央领导人以及国家科委、中国科学院、教育部负责人写了一封有关"如何安排好'博士后'青年科技人员"的建议信：

> 近几年来，祖国正在培养相当数量的博士学位的科技青年，如何安排这些青年，使他们能对建设"四化"发挥最大能力，是一个值得思考的问题。
>
> 就拿通过 CUSPEA（中美联合招考物理研究生项目）的青年来讲，在美国的已有三届，都是计划得物理学博士学位，总数为 362 位。加上今后又有三届，选拔的总数可达 700 位左右。在这 362 位中已经选定专业者有 285 人（在美国大学的研究院，通常第一年的

研究生是不定专业的），据最近调查，其中五分之四以上选择了和国家目前建设密切相关的方向，其他的同学也都选择了对国家将来科技发展有重要性的领域。在这 285 位中，从事新型材料、激光、固体、半导体、磁性、生物和医学物理等有迫切的重大应用前景研究的达 231 位。这些博士将陆续回国服务。

如何妥善安排他们的工作，使他们继续发展和成长为中国极需要的高级科技人才，是一个十分紧急的问题。这个问题如果解决得成功，可以影响其他学科，也会吸引更多的海外学者参加祖国建设；如处理欠妥，则对将来派出人员学成回国的信心会受到相当的影响。

去年我回国时，建议设立"科技流动站"的制度，结合这批年轻博士的安排，或可先从物理学开始，在国内找少数单位实行"博士后"制度，作为实行"流动站"的第一步。让一部分经选择的刚刚获得博士学位的青年人在好几个不同的（包括国内和国外的）单位流动二至六年，通过在不同的环境中接触多方面的学者和工作，以开拓眼界，增长见识和经验，锻炼出独立工作的能力，再通过有国际水平的竞争，取得相对固定的职位，经过这样严格的考验的人才才能成为新一代的学术带头人，开拓新的科学，在把科技应用于国民经济方面做出贡献。这种人才是人才结构中必需的重要的一部分。

实行这种制度，务需解决认识和工作上的一些关键问题，建议在科技和教育制度改革的背景中，促成此事。

李政道在建议书中还就"博士后"制度所涉诸事，略陈数端：

一、中国作为世界大国，必须培养少数（仍以千计）带头的高级科技人才，取得博士学位只是培养过程中的一环。由世界各国近四十年的科技发展经验表明，除少数人外，青年博士必须在学术活跃的环境中，再经二至六年独立工作的训练，才能渐趋成熟。这时他们的年龄在30岁上下，可以委以重任，去解决科技难题和培养新人。

二、博士后工作要在水平高的实验室和大学内，有活跃的学术气氛和较好的环境，在这样条件下适当集中尚未完全成熟的一批年轻人，可以形成很强的科学集体，做出科学上的重要发现和完成国家交给的任务，使他们在实践中进一步成熟。

因此，建议在国内选择十个左右单位，拨专款创造条件，试办一批专为"博士后"的"科技流动站"之重点，先通过它们实行流动，再逐步推及其他单位。

除这些试点单位外，可相辅以（对其他人员）先工作一两年再分配的办法。但"科技流动站"和"博士后"制度的目的，一方面是要产生流动，另一方面是要锻炼和选出更优秀的人才。它不是单纯的推迟分配所能达到的。

三、美国民间为培养上述通过CUSPEA的700位物理学博士，累计约支付5 000万至7 000万美元。建议中国政府以此数目的约五分之一，即2 000万元人民币的投资，建立和完善"博士后科技流动站"制度（科技流动站的本身，并不仅限于博士后，但为了推动这一新的制度，可先从博士后入手。同时也不仅限于从国外回来的博士，应当包括在国内取得学位的青年博士），这笔款项主要用于两方面：(1) 在各地购买或新建几百套为"博士后"人员之专用住宅；这些住宅只许在"博士后"期间使用（就是说，这些住宅是专为科技流动站的站员所用），如获得国家固定职位后，即由录用单位按照固定职位的常规分配住房，因而空出的专用住宅及科技流动站的"博士后"站员名额必须为新人保留。(2) 为从事实验物理的"博士后"人员购置仪器设备，为从事理论工作者提供计算机条件。这两项不能是仅靠这笔专款，主要的还是要从各重点单位的经费中解决。

四、就目前国内情况看，实行"博士后科技流动站"制度，还必须解决户口、工资、编制、人事制度、住房等方面的一些具体问题：

户口——建议"博士后"人员及其配偶、子女，实行户口随本人"流动"，直至获得固定职位，再全部转至工作地点。

工资——建议由国家掌握一批工资基金，随"博士后"转移。

编制——"博士后"期间编制由国务院专门机构负责管理，不计入各个单位，以避免目前重点院校和科研单位普遍超编不能容纳新人的困难。

人事制度——适应流动情况，改"分配"为"介绍"。在一单位满两年"博士后"的人员，必须离开该单位的"科技流动站"，直到获得固定职位为止。

住房——由上述专用住宅中定期分配，建议实行房租、高补贴的办法，以防止非"博士后"人员占用此项住宅。

五、到国外从事"博士后"工作是加速培养人才的一条重要途径，是国内"博士后"制度的补充。建议应当鼓励青年博士向国外第一流的学院"竞争"博士后的职位，从国外回来的青年博士，在国内工作一年后，建议可允许再次到国外作"博士后"，以保持与科学前沿的接触。

六、上述十个左右的"博士后科技流动站"的试点单位，不宜全部集中在北京、上海，在东北、西北、西南地区，也应精选研究单位，各设一试点。如当地科技条件较差，建议鼓励各地方的积极性，使各省竞争争取，另加基金，支持试点之建立。

第六篇　创建"博士后"制度

1984年5月的一天,李政道教授在北京会见了新华社记者①。谈话中,他再次重申了建立"博士后科技流动站"的必要性。他说:"几百名中国博士于明、后年陆续回国以后,还需要进行'博士后的训练'。我已经向中国有关方面建议设立'博士后'流动站。"

李政道说,近年来,他除了从事科学研究和教学,每年大约用三分之一的时间办两件事:一是帮助中国发展高能物理和同步辐射;二是培养研究生。"只要能给中国培养出高水平的人才,我个人牺牲些时间、做些'收发联系'工作,是值得的。"

我请他谈谈研究生的情况,他说:"中美物理联考(CUSPEA)进行得非常顺利。当初,我答应办六届,总数共1 700人左右。现在,全中国规模的招生已经办了四届,在美国的已有三届,共362位。在已经选定专业的285人中,从事新型材料、激光、等离子体物理、大气物理、生物物理、医学物理、核物理,以及半导体、磁性等,有重大应用前景研究的,有231位;其余研究生选定的专业,都和未来科学技术的发展有关。"

"美国的教授们认为这批中国研究生的水平如何?"我问。

李政道教授听了,欣慰地笑了。他兴奋地说:"培养研究生的工作,进展得很顺利,主要是因为中国青年优秀。过去许多美国第一流大学的物理系中,都没有中国研究生,这是因为学校对中国学生的程度既不了解,也不信任。这几年招收的中国研究生在美国的表现说明:第一,中国的青年是优秀的;第二,能训练出这样多高水平的学生,证明中国大学的水平,是国际第一流的。现在,美国的大学对中国学生的优秀性已经没有怀疑,建立起了信任。"

李政道教授把这批将得到博士学位的青年比作苗木,认为要使他们成才还得花力气。他详细地解释了他为什么很重视培养"博士后"人才。

他说,在做大学生时,是老师出题目,老师已知道题目的答案,用以试验和考查学生的运转和理解能力。在做博士研究生时,是老师确定研究方向

---

① 即本书作者顾迈男。

和专题，但老师并不知道答案，借此试验研究生在方向和专题之下，是否有能力找出答案。解决好了的，就可以得到博士学位。但是，刚刚得到博士学位不久的青年，却需要培养自己独立的选方向和专题的能力，同时找出答案。这就是"博士后"的工作。

李政道教授说："念了博士，并不博，只有到了'博士后'，才真正开始独立地从事科学研究。"

李政道教授接着说："我已经向中国有关方面建议设立'博士后'流动站，在全国选择有优良条件的研究所和大学设立'流动站'，每站有固定的站员名额，站员都是这些刚刚获得博士学位的年轻人。他们可以在好几个不同的（包括国内和国外）单位流动二至六年，使他们在不同的环境中接触多方面的学者和多方面的工作，以开阔眼界、增长见识和经验。然后，再通过国际水平的竞争，取得相对固定的职位。经过这样严格考验的人才，才能成为新一代科学技术的带头人。他们可以去开拓新的科学研究，或是把科技应用于国民经济。"

"那么，设立'博士后'流动站究竟有什么好处呢？"我又问。

李政道教授回答："'博士后'流动站最大的好处是，可以促进人才流动。比如说，可以规定每个刚得到博士学位的人，在每一个流动站工作的期限为两年，两年后必须离开。到哪里去呢？可以从流动站转到办流动站的单位（例如这个单位是一个研究所或一所大学），成为正式成员，也可以从一个流动站转到另一个流动站，或从流动站转到另一个单位成为正式成员。但是，站员的名额必须保证，并不因人的流动而更改。这样，一批博士走了，又来另一批刚得到博士学位的人来补充。用人单位可以在流动中选择，博士本人也可以在流动中选择自己愿意长期工作的单位，这就使得人才非流动不可。"

李政道教授还说："流动站的制度如果成功，将来也可以推广至其他学士后或硕士后（但并不念博士的）年轻优秀的科技工作者。可是在这建立流动站的初期，宜限于'博士后'的人才，以使宗旨单纯，宜保水平。"

李政道教授最后说："这几年，中国派出的留学生很多，回国后恐怕要有一段时间使他们了解国内的现状,也使国内科研单位了解他们的情况。这样,才可以充分发挥他们的作用。流动站可以帮助双方解决一部分这一类的问题。总之,在流动中可以选拔人才,在流动中表现才能。到国外从事'博士后'工作,也是加速培养人才的一条重要途径,是国内'博士后'制度的补充。比如,从国外回来的青年博士,在国内工作一年以后,应当鼓励他们到国外竞争'博士后'职位,这样做,可以使他们经常保持与国外科学前沿的接触。"①

李政道教授的上述建议书送给当时的中国领导人之后,立即引起了很大重视。

1984年5月里的一天,邓小平在人民大会堂会见了李政道和秦惠䇹。见面后,邓小平说:"看了你写的建议……有不少新名词,'博士后'对我来说是个新名词,在国外可能是老名词了。"

"也不太早,真正形成制度是二次大战后。中国现在的教育制度跟解放前很相像。但二次大战后,欧美由于竞争,教育制度在慢慢地改。1950年一般大学还有讲师的位置,现在几乎没有了。助理教授的位置增加了,又多了'博士后'的职位。"李政道说。

"相当于什么位置?"邓小平问道。

李政道回答:

> 普通在大学做学生的,是老师出题目,而老师知道这些题目的解。学生解对了,就大学毕业得学士学位。在研究院,仍是老师定方向出题,但老师并不知道如何去解。研究生解出来了,由老师和同行评判,认为这解是对的,就毕业得博士学位。可是,真正做研究,方向、题目都要自己做,这是独立工作能力的锻炼和判断,培养独立研究的阶段就是博士后。博士后研究工作一般需要二至六年。

---

① 顾迈男:《李政道教授谈博士后》,《瞭望》1984年第27期。

1978年，中国的教育方针决定派大量的学者和学生到国外去深造，他们的费用都是由中国政府支持。可是，到1979年也就是1年之后，去美国的研究生还是不得其门而入，美国所有第一流的大学如哈佛、普林斯顿、耶鲁……物理系里没有接收过一名中国正式派去的研究生。1979年春我在北京讲课时，提出我可以在国外协助，先从物理界发动（CUSPEA），然后再发动其他科技项目。当时的目的是：一、使中国研究生进入美国第一流的研究院，受到同美国学生完全一样的训练；二、费用（生活费、学费、医疗费等）全部由美国民间负担。经过两次小规模的试验后，1980年正式向方毅副总理提出，受到科学院、教育部的支持，尤其是严济慈先生的支持。

CUSPEA的方法与美国的招生制度完全不同。通常美国自己的学生要经过GRE考试，非美国的学生要求GRE和TOEFL成绩，而CUSPEA学生不先通过美国大学招生处，不用考GRE和TOEFL，通常美国决定收自己的学生在每年2月后，而CUSPEA学生是在正月底以前决定，即在美国学校招生前决定。好处是决定的早钱就多。所有美国第一流的学校都参加了。平均每个学生每年有15 000美元以上。美国物理系有几十个专业，如固体、材料、激光等应用物理。CUSPEA学生已有三届。1980、1981、1982年已有362人在美国，今年8月还会有109人，按计划再办两届，一共有700多位，分布在美国60多所学校里。我回来前做了一个调查（主要了解学生的专业、研究项目）。在362位中，除有77位尚在选专业外，其他285人都选了专业，其中231人的专业与国家建设有密切的关系，如固体、半导体、材料、激光等，占五分之四。其他都选了国家将来发展有关的领域，其中选高能理论的有15位，约占百分之五。他们在美国好几所研究院中，成绩都是最好的。这表明：一、中国的青年是绝对优秀的，是国宝；二、中国的大学已恢复到"文革"前的水平，达到了国际的一流水平；三、今后10年、20年，美国的人才也是从这 60 多所大学培养出来的，即 10 年、20 年后，美国学术界的领导人与这些中国学生是同学关系，他们定会公认中国学生当年就是最优秀的，这个影响将是长期的，这种威信是不可磨灭的。

现在，试点学生已有回来的，明年、后年就会大量回来，应该早些做好准备，因此，我建议先建立十几个博士后流动站作试点。

博士后是从老师指导到独立工作的一个过程。独立工作的能力需要经过考察。700 多位学生都是第一流的，而其中可能有十分之一是超等的，他们可以成为自己找到新的方向、带领别人前进的科技带头人，但要选出十分之一的人才，并不简单。在博士后流动站上可以辨别超等和一等。研究单位可以通过流动站选人，形成竞争，使人才有所用。设立流动站，可以保证流动，而搞适应期，只能延迟分配，不能保证流动。为设立流动站，一要精选科技单位设立流动站；二是规定每站 5 至 20 人，期限两年；三是站员两年后，一定要离开，到其他站或单位去，但站员名额必须保留，以保证流动。有了这样的组织，就一定能流动起来，这是秘诀。人才流动对国内很需要。要先建立试点，希望国家拨款二千万人民币建立十几个博士后流动站的试点，可以分散一点。国内主要结构要采取措施，科学院、教育部应立即开始行动。第一步要科学院、教育部先动起来，然后中央成立专门的组织监督。一定要有一位最高领导……监督一下办得好不好。

随后，李政道又说：

去年我已提出建立流动站，方毅国务委员说已交科委办理，但今年来具体行动还没有开始。这可以理解，因为科委是间接的，跟派出去的学生没有密切关系。流动站成立以后，希望硕士后、学士后和一般研究人员都可以参加。几百个流动站，每站有几十个站员，使全国科技青年都可以流动起来。另外，可能会使有的青年流到边疆去。我这次到西安，建议他们成立流动站，他们不同意，说一流动，人才就流到北京、上海了。我认为，建立流动站可能使人才流到边疆。就拿 CUSPEA 学生说，平均 25 岁，如西北大学的学生，一毕业就到美国，对北京、上海没有感情。他们每两年回来休假，陕西省里组织一下，参观省里的科技设备，搞些旅游，创造条件。只要给他们一定的自主权，选题目的自由度大一些，我想，大部分青年是愿意回到自己的故乡的。住房问题，陕西省比得上一个不小的国家，如果每人省 1 角钱，条件可以很好。而要从北京、上海派人到边疆很困难。您认为可能性怎么样？

听了李政道上述的建议，邓小平说："要做说服工作，一般都希望到大城市，但是，只要符合自己的专业，他们愿意去。10 个站只解决 200 人，是否太少了。"

"数目不定，现在是试点，不要太多。"李政道说。

"10 个太少，回来几千人，还有其他专业，也要采取同样的方法。"邓小平说。

"现在以物理为试点，成功后可以推广到其他专业所有学科，包括工业部门。但每年回来讨论，都没有落实，我只是想落实。"李政道说。

"我们现在对回来的人不晓得怎样用。这个方法很好，我赞成。培养和使用相结合，在使用中培养，在培养和使用中发现更高级的人才。这是一个新的方法，成百上千的流动站成为制度，是培养使用科技人才的制度。明天就批二千万，无非是盖房子、买设备。主要是定点，定了点后拨款，盖房子，买些必要的设备。这是新事物、新名词，我第一次听到。第二次世界大战后 40 年了，但我脑子里没有这个词，是落后分子。我赞成，同意了。"邓小平笑着说。

邓小平最后还补充："看准了，要行动。起码没有危险吧！现在已出现回来的人不知道怎么用的问题，使用不对专业，零零星星已有这个反映，成千上万的人回来，是很大的问题。以后各行都可以参照这个办法，是使用培养，也是考柱。"①

1985年7月16日，邓小平在北京人民大会堂再次会见李政道。会见中，他希望国内在生活、科研方面创造条件，使学成的留学生们回来以后，能报国有门。

李政道说："把将来的华人科技领袖吸引到为祖国出力，为民族争光上，祖国在本（20）世纪末、21世纪，在全世界的地位非常光明。很多人说，从前在科学技术方面，是犹太人的世界，将来是中华民族的世界。"

1988年5月26日，在北京西郊即将建成的北京正负电子对撞机实验大厅旁的一个房间里，李政道教授兴致勃勃地对作者谈了他倡导建立的博士后流动站的进展情况：

> 1984年邓小平主任和我们一起讨论了博士后制度的有关问题。小平主任问：博士这个名称恐怕在汉朝时就有了，博士的知识显然已经很博了，为什么还要有博士后呢？我解释说，在大学的时候，大学生是老师给他出已经有解的题目，然后老师指导他解题。大学生按照在学校学习的课程，解了老师给他的题目，如果这个解是和老师知道的正确的解相吻合的，这个学生就能完成大学学业得到学士学位。在研究院，老师给学生出题目，可是老师并不知道怎么去解。研究生按照所学的知识来解老师给他的题目，而这个解由老师自己及同行评判，认为这个解是对的，就可以从研究院毕业，获得博士学位。可是真正的研究，真正的发挥，是要自己出题目，独立进行研究。这个培养独立工作的阶段，就是博士后的过程，因此必须有博士后。从研究院出来做博士后，就能变成独立的研究人员，

---

① 根据邓小平会见李政道谈话记录整理。经李政道教授过目修改。

可以使优秀的博士生成为杰出的年轻学者,这样科学才有希望。博士后制度在国外也是很新的,在第二次世界大战以前几乎是没有的,二次大战后,一些发达国家知道要竞争,必须要有一支能独立研究的精锐队伍。人数不要多,但要精,必须能够独立进行创造,才可以有发展,才能够跟人家去竞争。只有这样,国家才有希望,才能够面向全世界去发展和兴盛。这就是博士后制度产生的根本原因。所以博士后的历史在世界上来说也不过就是40多年的样子。

李政道说,法国、日本都对中国的博士后制度很感兴趣。国内、国外都有人说,现代化就是现代化,没有什么中国式或其他什么式的现代化。这是不对的。这次开全国博士后工作会议,有81个单位的领导参加讨论,给予支持。哪一个国家能召集这么多的单位共同将博士后制度办得更好呢?这是中国式的博士后制度,也代表了中国式的现代化!有人说博士后工作目前出现了一些问题,譬如博士后的来源问题、住房问题、孩子教育问题。出现问题是必然的。凡是有生命就会有问题。

1987年从国外回来的博士有120多位,其中不到一半做了博士后。李政道说,我们来研究一下这120多位:

在国外,在研究生院攻读博士学位的时间平均是六年,有些同学在国外得博士学位之后再做一两年的博士后,可见,他们一共是在国外求学了6至8年,今年是1988年。这些从国外回来的年轻学者是指国内1980年到1982年派出留学的。而那两年国内主要派出去的是访问学者,并不是学生。学生主要派出是1982年以后。因此国外回来120多位算是相当多的,就是说大部分出国的同学是要回来的。近年来,在哥伦比亚大学物理系我们第一批的博士后(CUS-PEA)学生收了5位中国同学,第二批收了3位,这8位中4位已学成回国。中国派出了上万名留学生,绝大多数是1982年之后出国的，再过一两年后，回国的年轻学者会多起来的，对他们的安排必须有充分的准备。就是有一部分学生，因为国内暂时条件不够，而在国外能充分发挥才能，因而在国外多留几年，这也是合理的。只要他们爱国，坚持科研岗位，在国外也同样可以为祖国做出贡献。晚几年回来不要紧。重要的倒是国内如何能积极创造条件，爱护回国的博士。对国内培养的博士和国外回来的博士应同等看重，应鼓励其中优秀的，在国内工作几年后，可以再去国外进修。坚持开放和交流，团结国外和国内的学者，共同发挥力量。这些工作都是很迫切的，应当注意的。做好这些工作，当会吸引更多的人回国。

李政道对年轻博士们的未来充满信心。他说：

不仅是我个人，国外许多学者，我们很多朋友都认为，今后10年、20年，世界科技领域绝大多数将是华裔的，是中国人。这是可以证明的，像个定理一样。你现在到美国去，随便哪所高水平的大学，研究科学的高材生中，恐怕四分之三都是华人。在哥伦比亚大学物理系，前四名几乎每年都是（我办的 CUSPEA）中国学生，其他如哈佛、普林斯顿、耶鲁都是这样。因此，今后10年、20年的科技领袖大部分将是华人，这是没有问题的。我们的竞争不光是在经济上，也在科技发展上，不仅需要跟人家拉平，而且要领先。要领先就一定要有一支精锐的、有独立创造性的、能够突破的队伍，今日的博士后人才就是将来的这个队伍。到那时，世界科技领域的局面就会大为改观。①

通过 CUSPEA 考试培养的学生，在美国的学业大都在名校各系中名列前

---

① 摘自顾迈男：《李政道的中国心》，《瞭望》1988 年 6 月 13 日第 24 期。

茅。他们为祖国和母校争得了荣誉。其中的不少人在学业有成后,又在各自的研究领域里取得了杰出成绩。现在,他们当中有些人已经回国工作,成为所在单位的骨干;更多的则是周期性回国讲学,成为沟通国内和国际学术联系的重要桥梁。

如今,博士后的规模也扩大了好几倍,自然科学基金的设立,在中国首次将同行评议引入科研经费的分配,成为促进中国基础科学发展的有效手段。

第七篇　悠悠故国情

26 年，在人生漫长的旅途中，不过是短暂的一瞬间。而对于少小离开故乡的李政道来说，在这 26 年中，在大洋彼岸却是非同寻常的 26 年。他靠自己的刻苦和勤奋，创造了一次次辉煌和奇迹。已是名扬海内外的著名物理学家李政道却从没有忘记他的根，年复一年，中国所发生的一切，都牵动着他的心。1972 年 9 月 19 日，李政道在阔别祖国 26 年之后，再次踏上了这片令他魂牵梦萦的土地。

在这之前的 1962 年，李政道曾在香港会见过他的妹妹李雅芸和弟弟李根道。在会面的言谈中，他对中国发生的事情很关心。他向弟弟妹妹详细地询问了关于人民公社、"大跃进"，以及中国科学和教育的状况。十年过去了。他虽然对中国这十年间发生的许多事情，感到困惑不解，但一想到就要回到故乡，见到离别多年的亲人、故友和师长，兴奋难以抑制。

1972 年 9 月 19 日，李政道和夫人秦惠䇹、长子李中清①，踏上了中国的土地，先后到广州、杭州、上海、南京、北京等地，并参观了清华大学、北京大学、中国原子能研究所，以及"五七干校"。在上海，李政道和他的家人

---

① 据清华大学提供的资料，李中清 1952 年生于美国，1974 年获美国耶鲁大学学士学位，并获杰出历史学学生称号，1975 年获芝加哥大学历史学硕士学位，1980 年至 1982 年在密歇根研究社任研究员，1983 年获芝加哥大学历史学博士学位，毕业后在加州理工大学人文社会学院任教授，是著名历史学家。

还参观了华东物理研究所、复旦大学、江南造船厂以及郊区的人民公社等。在南京，参观了长江大桥，直到这年的10月15日离去，这次来中国将近一个月时间。

这年的10月14日下午5点半到晚上9时10分，李政道和秦惠䇹以及李政道在上海工作的妹妹李雅芸，还有长子李中清，来到北京人民大会堂的西大厅，会见了周恩来总理。那天，同时参加会见的还有中国科学院和教育部的负责人，以及钱学森、朱光亚、周培源、张文裕、王承书等著名科学家。

会见中，周总理亲切地询问了李政道在美国的工作、生活和家人的情况。李政道一一做了回答。

谈话中，李政道建议中国有关部门邀请美国大加速器中心的负责人，如潘诺夫斯基教授、威尔逊教授等，来中国进行学术交流。他同时表示希望中国能派科学家去美国。这次来访，他还带给中国科研机构一台当时最先进的计算机。

"中国在计算机方面，应该比谁都先进，中国的算盘是最古老的计算机。"李政道说。

在和周总理的谈话中，李政道坦率地流露了自己对中国科学和教育事业的担心。他建议国家能重视发展科学和教育事业。

当时，中国还没有研究高能物理的大型粒子加速器，科学家们正设法利用宇宙线研究高能物理。中国科学院设在云南落雪山的一个宇宙线观测站，记录到一个来自宇宙空间的奇异粒子，周总理对这件事很关心，他希望李政道帮助判断。李政道直言不讳地谈了自己的看法，他婉转地提出判断的方法还可以改进，因为可能有误差。

周总理很重视李政道的意见，叮嘱在座的朱光亚和张文裕教授，按照李政道的意见处理这件事。

过后，李政道对随行的中国方面的接待人员说："周总理对技术细节追问得这么细，直到完全弄明白为止，绝不苟且，这是很让人佩服的。"

谈话中，李政道发现周总理很重视科学的发展。当时，中国科学院还没有建立高能物理研究所,李政道建议国内在这方面花些钱,建造一个小型的正负电子对撞机。

"这样做,花钱不多,还可以做些第一流的高能物理研究工作。"他说。

也就在这次会见中,周总理很仔细地询问了在美国的中国留学生的生活和工作状况。李政道听了感到很亲切。①

在这次回国期间,李政道一行还到上海看望了久别的亲人们。

李政道的岳父秦梦久,1962年去世时,曾遗留给女儿秦惠䇹22件中国古代的文物,其中有辽代的珍贵文物刻花鱼瓶。李政道说,这些文物都是国家的财富,除留两件仿制品作纪念外,在征得岳母朱淑瑾的同意后,全部捐献给了国家。

为了使孩子增强对祖国的感情,李政道和秦惠䇹还把他们的长子李中清送回国内,在上海复旦大学学习了一年。

在"文化大革命"席卷全中国的1974年5月9日,李政道和夫人秦惠䇹再次从美国归来了。

这次来访期间,他们虽然被安排参观了洛阳的龙门石窟,在长沙、杭州等地做参观游览。可是,他无心游山玩水。在上海访问时,他看到不仅基础科学研究工作遭到了严重的摧残,就连教育也停办了。耳闻目睹的种种现象,使他痛心,他焦虑不安起来。

到了北京,他不顾旅途的劳累,连夜给周总理写了一封信,他在信中说:"在上海,我听人们谈到了芭蕾舞学校,学生从小入学学习语言,参加劳动。劳动当然很好,但是跳芭蕾舞不能停。这件事对我很有启发,难道科学技术的发展反而不如跳芭蕾舞重要?既然跳芭蕾舞不能停,学习科学技术的学生也不应该脱产专门劳动,而且一旦劳动就是长达几年的时间,以致贻误了学业。因此,建议是否每天劳动半个小时,其余时间用来读书。另外,每个人的天赋不同,成长的环境不同,不一定每个人都有希望培养成为科学家,建

---

① 摘自周总理会见李政道谈话记录,1972年9月19日。

议中小学生每天是否在早晨劳动半小时,其余的时间用来读书,使青少年们能早进大学加以培养。"

这封信送上去1个星期之后,周总理就会见了他。参加这次会见的还有邓小平。

当时,正在大力倡导"批林批孔"的江青等"四人帮"也在座。

那是1974年5月29日晚上9时20分,李政道和夫人秦惠䇹,以及李雅芸、李中汉①等,走进了人民大会堂的西大厅,谈话一直进行到这天晚上的10时40分。

见面以后,周总理对李政道说,知道他很关心培养基础科学人才问题,因此要见一见。周总理还对他说,他写的建议书和信件已经送呈毛主席了。

"你讲讲好不好?"见面后,周总理说。

于是,李政道讲了下面一番话:

关于科学方面,主要分两部分。一部分是基础科学,另一部分是应用科学,这两部分是有联系的。基础科学里包括基础科学理论和基础科学实验。基础科学的根本是科学实验,不是基础理论,单独的基础理论是不存在的。科学实验是从感性上来认识,经过理解和飞跃后,再形成理论。基础科学理论和科学实验有什么关系呢?比如伽利略做的很重要的实验,把两个东西,一个是轻的,一个是重的,在很高的地方放下来,重的掉下来并不比轻的快。他抓住了一个物理规律,后来引出了牛顿的定律,产生了18世纪、19世纪基础科学实验的依据。这是我们根据当时对自然的了解。自然现象是无穷的,而我们的了解总是有限的。我们要进一步做新的试验,再找一些新的规律。所以,基础科学实验是很重要的,基础科学实验并不是立刻就能应用。但一旦抓住了自然界的一个规律,就可以在

---

① 时任美国密歇根大学化学系助教,现为康奈尔大学教授。

多方面应用。什么是应用科学的理论？应用科学的理论是从基础科学推广来的。同样应用科学的实验也可以作为基础科学的理论基础。这里面有相同性，也有特殊性。我们现在有电子计算机和激光，是很重要的。可是在二三十年以后就不一定用激光。而在第二次世界大战以前还没有激光，但其规律（理论）早就有了。集成电路和激光都不是天上掉下来的。抓住基本观念，就是基础科学。基础科学人才的培养和应用科学人才的培养有所不同，基础科学人员我估计可少于 0.01%，搞应用科学的是大多数。

另外，凡是我碰见的基础科学人员，其思想力是受一定年龄限制的，最高峰是 30 岁。第二，基础科学训练必须有连续性。我在上海参观了复旦大学、舞蹈学校，对我启发非常大，感到现在大学的方法是完全对的。从前有的高目标，现在各方面都不同了，与生产结合起来，为人民服务。这一点在国外是办不到的。

从前，我在哥伦比亚大学，总觉得那个考试制度方法是对的，过去想不清楚。我参观复旦大学时提出：学生考试成绩不好，跟不上怎么办？这个问题得到了很好的解答。以前学校的考试制度产生两极化，不好的就不要了，这个态度是完全不对的。现在的教育制度非常好，教育并不是为少数人的，在这一点上自己的错误很大。是不是基础科学人员就根本不要进大学，从一开始就像舞蹈学校那样，年轻的时候就培养，培养出在专业上很好，又不像过去那样钻在象牙塔里，而是和群众密切结合的基础科学人员。

在这次会见中，李政道还说，基础科学也要有连续性——他讲这话之前，有人在一旁曾插话说，舞蹈训练要有连续性。李政道接着说：

从事基础科学研究的人员，效率最高是在年轻的时候。所以应该在年轻的时候就开始训练，也许在 13 岁，也许更早一些。看了舞蹈学校以后，我对这方面的观念比较固定化了一些。我问他们：你们是怎么选拔的？他们说，天才没有，但要有几个基本条件。比方说，体型和骨骼的构造，像脚能不能扳直。像我的脚就不行。

在座的人听了，哄堂大笑。李政道继续说：

来源有的是各区推荐的，有的是下去选的。在上海，从20万个10岁的孩子中选了60个。我问他们选了以后，如发现程度差的怎么办？他们说还没有发现。然后我又问了他们在学校怎么生活。

他们到学校学工、学农，每天劳动，每周劳动，每年劳动两周。还要搞军训。所以我就想，培养基础科学人员，可以从十三四岁开始。也许是两百个，也许是几百个，相当少数。选择不能用考试制度，因为考试制度只能测验他们已有的知识。选拔基础科学人员，最重要的有三点：一是理解力，然后是斗争性，再就是记忆力。理解力是必要的，斗争性也是很重要的。斗争性就是要敢于提出问题，敢于反过来提问，这种精神是很重要的。记忆力比较次要，前两点则非常重要，而这两个条件并不是反映已有的常识。考试也不行，因为如果考数、理、化，城市的可能比农村的强一些。但是如果考农业、生物，农村的会比城里的强一些。这就一定要有相当长的时间来培养。也许6年，或者5年、7年，这里面没有天才，也许2/3的时间是训练时间，其他的时间参加劳动。同时，在训练时师资条件很重要。牛顿在20岁以前就发现了微分，测出了积分。

基础科学和生产的联系是要保持的，但不要把基础科学变成应用科学。

从现在开始培养，过六七年，就可以有一批很精的、不脱离群众的基础科学人员。中国人会创造出极为光明的成就，对整个人类有所贡献。我想这是很可能的。有这样一支少而精，不跟人民大众脱离的基础科学的队伍,这是很必要的,而这在历史上是没有做过的。比如我在13岁时,时间都浪费掉了,好像盲人骑瞎马,糊里糊涂地成了一个基础科学人员。那是因为社会制度不好,做这样的工作,不是有组织的,不是有目的的。那时很多人认为有天才,实际上是没有的。

我很随便地讲这些,再讲也讲不出个大道理来,就讲到这里,请大家批评。

听了李政道讲的上述一番话,周总理问在座的张文裕说:"不平常的核态(指李政道的论文),座谈了一次?"

"座谈了一个下午。"张文裕说。

"你讲的除政治、历史课外,科学方面学什么科目?"周总理问李政道说。

李政道听了,回答说:"开头3年,包括学数学、物理、化学、生物,天文也可以有一点,是综合性的。后3年可以专一些。比如,有的人适宜于学化学,有的人适宜于学数学,必须有个专业性。我想这样训练下去,大概可以比以前的中学6年、大学4年,缩短1/3的时间。6年、7年,还是可以摸索的。主要是实践,关键是思想观念要正确。"

在这次会见的谈话中,李政道强调说,训练科技人才必须从小开始动手动脑,大了就不行了。

李政道还说,认为基础科学是基础理论,是完全错误的。基础科学有基础科学的理论和实验,应用科学有应用科学的理论和实验,两者都有理论和实验两个部分,没有单独存在的基础理论。

周总理转过头来,亲切地询问在座的李中汉说:

"你听得懂我们的话吗?"

"听得懂。"李中汉说。

"你哥哥来过。"周总理说。

随后,江青让"四人帮"的干将谢静宜发言。谢静宜说:"我认为首先要解决为谁服务的问题。"

李政道听了，脸色一沉，立即针锋相对地反驳说："为人民服务！问题是怎样为人民服务。没有基础科学，就没有将来的应用科学，就不能更好地为人民服务。"

最后，周总理略带歉意地对李政道说：

"你的信和学术报告'不平常的核态'，都是22日夜里收到的，昨天有些事，耽误了。"

这是李政道第二次，也是最后一次见到周总理。在短短两次的接触中，周恩来以他极为敏锐的洞察力，对李政道做出了"李精于学"的赞誉。①

5天以后，也就是1974年的5月30日早晨，李政道和秦惠䇹走进北京中南海，会见了毛泽东主席。

见面后，毛主席和他热情握手，问道：

"对称为什么重要？"

"对称就是平衡，平衡就是静止。静止不重要，动才是重要的。"

李政道笑着回答说。随后，他顺手从茶几上拿起一个纸本子，把一支铅笔放在上面，向一方倾斜，笔就向下滚动，然后向另一个方向倾斜，笔又向另一个方向滚动。就这样，接连重复了三次，然后对毛主席说："主席，我刚才运动的过程是对称的，可是，没有任何一个时刻是静止的。"

毛主席听了，笑着点头。李政道又解释说：

"对称不是简单的平衡，运动中也可能是对称的。"

毛主席听完李政道对对称演示的解释很高兴。他说，他一生经历的都是动荡，所以认为动是重要的。又说，他年轻的时候念科学的时间不多，有关科学的概念大都是从他读过的一套汤普写的《科学大纲》中得来的。

那天，从中南海回来以后，李政道和秦惠䇹很兴奋。

过后，李政道对陪同的中国科学院的接待人员说，毛主席很重视科学事

---

① 摘自周总理会见李政道谈话记录，1974年5月24日。

业，对他提出的"不平常的核态"十分关心，并且肯定了培养基础科学队伍的必要性，对他鼓舞很大。他表示相信，有毛主席的支持，中国在几年内一定能建设起一支少而精的基础科学队伍，对世界做出贡献①。

回忆上述会见，李政道说，15年来，他对祖国的教育和科技进展，时时关心。1972年、1974年，周总理接见时，就讨论过这两件事。1974年与"四人帮"口舌大战，也是辩这两件事（当时，周恩来总理、邓小平主任均在场）。同年见毛主席，亦是讲为什么基础重要和如何在当时的状况下振兴教育和科技。1977年以后，更是凡见领导，不论何人均不断地谈同样的两件大事。②

---

① 中国科学院国际合作局陪同人员回忆谈话，1998年4月9日。
② 摘自李政道致李家祥信，1987年12月21日。

第八篇　故土难离　寻根苏州

提起中国的江南名城苏州，人们顿时会想起那首几千年来传诵不衰的优美诗歌《枫桥夜泊》。唐代诗人张继在一个寂静的月夜，泊舟苏州城外的枫桥之畔，在江南水乡点点渔火的夜色之中，谛听着远处寺庙里传来的悠扬钟声，不禁陶醉在江南水乡的诗情画意里。

就在这个静静的月夜里，这位满怀旅途惆怅的天涯孤客，忽然诗兴勃发，吟出了四句千古绝唱：

月落乌啼霜满天，江枫渔火对愁眠。

姑苏城外寒山寺，夜半钟声到客船。

苏州是座历史悠久的古城，地处长江三角洲的肥水沃土之上，西临太湖之滨，是古运河和京沪铁路的必经之地。其富庶秀美，有人间天堂之誉。这座距今已有2 000多年历史的锦绣名城，春秋时，吴王阖闾曾经定都于此。这里还曾发生过越王勾践刻苦自励、卧薪尝胆的动人故事。

苏州城内外，名胜古迹比比皆是。城外的寒山寺，初建于梁代，传说唐代诗僧寒山曾在此逗留，因而得名。城里园林错落，素有"江南园林甲天下，苏州园林甲江南"的美称。苏州城里河道成网，水巷纵横，全城有大小桥梁300余座，而且多是石板拱桥。这里家家后院临水，户户石级水埠，河上舟楫如梭。真可谓古城水巷，雅致非凡。凡是到此一游的人们，无不为其园林之精致、水城之秀美而赞叹。

第八篇　故土难离　寻根苏州

苏州城外的名胜古迹也是鳞次栉比：灵岩山、天平山、观音山、天池山、龟山、玄墓山……所到之处，青山隐隐，绿水悠悠，一直延伸到太湖之滨。

20 世纪 80 年代，李政道教授再次踏上了故乡苏州的土地。他这次重归故里，为的是了却一桩多年来日思夜想的心愿。1981 年 12 月 12 日，他携妻子秦惠䇹飞越太平洋，风尘仆仆地从美国归来，在上海稍事停留之后，13 日乘火车来到了苏州。

1955 年，李政道的父亲李骏康先生在日本东京因心脏病逝世。李骏康先生早年毕业于金陵大学化学系，原先从事农业科学研究。抗日战争爆发以前，曾在上海先后开设过天宫化工厂、昌明颜料厂。后来担任过香港东城公司的经理，是一位科研型的实业家。

李骏康先生客死他乡的消息传到台湾，李政道教授的母亲张明璋女士很是悲痛，她叮嘱李政道务必把父亲的骨灰送回故乡苏州安葬。

对于这件事，李政道教授的想法是："这件事虽然是我家的私事，但是有政治影响。"

原来，他和家人计划这一年的上半年把父亲的骨灰送回中国大陆安葬。但是，台湾行政部门不准许他把父亲的骨灰运回大陆安葬。后来由他时任台湾中兴大学校长的二哥李崇道运到美国。谈起为什么要把老人的骨灰送回中国大陆安葬。李政道说："台湾很多从大陆去的老人去世后，骨灰都未入土，希望将来运回大陆。所以这件事是牵动着台湾、海外同胞与大陆心连心的一件大事。"

李政道教授遵照母亲的意愿，这天和秦惠䇹来到灵岩山，在天灵公墓一片长满了苍松翠柏的山坡上，安葬了父亲的遗骨。葬礼过后，他喃喃地说："呵，总算完成了 26 年来的心愿！"[①]

从苏州回到北京，这年的 12 月 17 日和 18 日，李政道教授在中国科学院的研究生院向来自全国各地 20 多所大学物理系和 10 多个科研单位的 400 余人做了题为"真空是一种物理介质吗？"和"随机格点场理论"的学术报告。

---

① 摘自中国科学院简报。

这两个题目都是粒子物理方面当时提出来的根本问题，也是李政道教授在解决这两个问题时，提出来的最新理论。与会人们听讲以后一致认为，这些理论不仅在高能物理方面影响深远，在统计物理、非晶体物理以及物理学的其他方面，也有重要意义。这也是李政道教授在探索粒子物理理论方面所做出的又一卓越成就。

这年的12月25日上午，李政道和秦惠䇹来到北京人民大会堂的福建厅。在这里，邓小平会见了他。见面后，邓小平问他："你是12号到的上海吧？"

"这个月的12号。"李政道说。

"你父亲安葬在哪里了？"邓小平问道。

"安葬在苏州。"李政道说。

"这是好事。"邓小平说。

"这次我们完成了26年的心愿。"李政道说。

"你父亲是做什么的？"邓小平问道。

"我父亲原来学农，后来改学化学，做化肥。死在东京。我母亲在台湾，我母亲觉得台湾不是故乡，要运回来。"李政道说。

"你哥哥是大学校长？"

"我哥哥在台湾是学农的，是中兴大学校长。乡土观念是华侨的一种很强的心理。"李政道说。

邓小平听了表示赞同，说："这是中华民族的最大心理。"

随后，李政道又说："他们的孩子们都没有回来过，孩子们与祖国的联系就是通过我们这一代，通过祖父母、父母联系的。"李政道对有关方面提供的方便和关照表示感谢。

"这些年，你做了不少的事情，自己人，不用感谢了。"邓小平说。

会见中，李政道还对邓小平谈了关于培养科技人才的一些想法。①

两年以后，1983年2月中旬的一天，李政道的母亲张明璋女士在台湾得

---

① 摘自邓小平会见李政道谈话记录，1981年12月25日。

了急病。李政道闻讯后,立即从美国赶到了台湾。但在他到达之前,他的母亲已经去世,慰病之行成了奔丧。

李政道的母亲张明璋女士原籍浙江宁波,早年曾就读于上海启明中学,并在上海交通大学工作过。她抚育了众多的子女,她的子女都学有所成,其中李政道更是众多子女中的佼佼者,孩子们的成长和成就,与她的教子有方是分不开的。

李政道在台湾料理完母亲的后事,1983年3月2日,他怀着悲痛的心情,护送母亲的骨灰回到故乡苏州安葬。这是台湾当局第一次允许将大陆同胞的骨灰,直接送回大陆安葬。那天,台湾的官员陪着李政道护送他母亲的骨灰,从台北到东京机场的中国民航候机处,然后,李政道护送母亲的骨灰乘坐中国民航的飞机到达北京,再转至上海,最后到苏州安葬。

中国有关方面的负责人参加了安葬仪式,并向李政道及其十几位亲属表示慰问。为了使李政道及其亲属和朋友们便于吊唁逝去的亲人,中国有关部门还在上海和苏州李政道沿途停留的宾馆里,设立了灵堂。

邓小平、邓颖超、方毅、廖承志等国家领导人,都送了花圈。送花圈的还有中国科学院、教育部、中华全国台湾同胞联谊会、上海市人民政府、江苏省人民政府和苏州市人民政府。

灵岩山的早春季节,风和日丽,梅花盛开。庄严肃穆的墓地里摆满了花圈。

李政道对这次能直接从台湾护送母亲的骨灰回到故里安葬,以及所受到的礼遇,十分满意。他对邓小平等中国国家领导人送花圈以及有关部门和省市领导人参加葬礼,很是感谢。为此,他亲自写了十几封感谢信。

葬礼过后,他在发往美国,并转给他在台湾的二哥李崇道的电文中说:"葬礼是在晴朗天空,庄严和爱戴的气氛中举行的。"他还写道:"到落葬时,发现周围的梅花亦开了,母亲在九泉下会笑的。"[①]

[①] 中国科学院随行人员提供的资料。

第九篇　竹神萧萧问秋风　君影茫茫去何处

在李政道教授的记忆里，1996年是充满了痛苦和忧伤的一年。

这年发生的事情，对于这位感情凝重的科学家来说，是令他心碎、不堪回首的。这年冬天，在近半个世纪的人生旅途中，与他朝夕相伴、形影不离、患难与共的夫人秦惠䇹，在经历了长达近一年的病痛折磨之后，驾鹤西去了。

李政道和秦惠䇹少小离开祖国。20世纪40年代末期，当时李政道还是美国芝加哥大学的研究生，秦惠䇹正在美国堪萨斯州圣玛丽学院读书时，他们在一次偶然的机会相遇，结为终身伴侣。

婚后，俩人相濡以沫，共经风雨。秦惠䇹见李政道对物理学的研究有非凡的才华，便主动放弃了学业，承担起了照顾李政道生活，抚育孩子的重任。

岁月匆匆，一晃就是20多年。当他们1972年再次踏上祖国的土地时，李政道已是功成名就的科学家了。归来后，他们见中国的科学和教育百废待兴，急需科技人才，心中燃起了愿为祖国科学教育事业出力的强烈愿望。在这之后，李政道教授提出了CUSPEA计划，他以自己在美国科学界和教育界的声望，10年间，促成美国数十所大学接收近千名中国学生赴美深造。10年中，大量中国学生到美国之后，李政道教授和夫人秦惠䇹又义无反顾地担当起了中国留学生总家长的重任，他们的家也成了数以千计的海外学子的"家"，学生们打电话来的、写信来的，甚至有的生病了，他们都关怀备至，像对待自己的孩子一样关心和照顾他们。为了让李政道把精力放在科研和教育的大事上，秦惠䇹主动地承担了许多烦琐的事务。10 年间，每年与 CUSPEA 计划相关的近千封信件，从书写、打印、开信封乃至贴邮票到投寄，秦惠䇹都毫无怨言地热心参与。

年复一年，李政道教授来中国，或与中国领导人会见，或筹划建立中国博士后制度，或帮助中国建造北京正负电子对撞机……这中间，事无巨细，都有秦惠䇹忙碌的身影。

1996 年年初，一个不祥的预兆降临了：一向身体健康的秦惠䇹感到胸闷，咳嗽不止，呼吸也越来越困难。医生诊断：她得了肺癌！这个诊断对于李政道教授全家来说，无疑是晴天霹雳。在这之后，为了救治秦惠䇹的病，李政道和孩子们到处求医问药，千方百计地宽慰病人。见秦惠䇹卧床不起，且病情越来越严重，亲友们都劝李政道把秦惠䇹送到医院里进行治疗，但是他和她都谢绝了。他们说，医院里没有家庭的气氛。在秦惠䇹即将永远离他而去时，李政道更珍惜与身患重病的爱妻朝夕相伴，和她厮守在一起。在那些日子里，无论是白天黑夜，他都守候在秦惠䇹身旁，亲自给她喂水、喂药、喂饭，帮她翻身、擦洗……累了，就在秦惠䇹床边的沙发上休息一会儿。10 个月里，他几乎没有上床睡过觉！

被疾病折磨得日见憔悴的秦惠䇹，深知自己所患疾病的凶险，她还是尽量顽强地忍着病痛，为的是不因为自己的病，给李政道和孩子们带来痛苦和烦恼。尤其是，不要因为自己的病，使李政道教授正在从事的科学和教育事业受到影响。她虽然被癌症折磨得呼吸越来越困难，全身疼痛难忍，但是她却以异乎寻常的乐观、豁达，宽慰身边的亲人们。

秦惠䇹并不研习自然科学。但是，从 1950 年与李政道结婚以后，她就同科学有了不解之缘。她常说，不学自然科学的人，虽然难于对科学学科的具体内容透彻理解，但通过接触和参与，可以对科学的一般原理和科学成果的来因去势有所了解，对科学在社会发展进步中的重要作用能有所领悟。正是由于有着这些粗廓的了解和认识，数十年来，激励着她全力支持李政道教授从事科学和教育工作。尤其是近 20 多年，李政道教授热心地促进中国科学和教育事业的进步，秦惠䇹更是与李政道教授心心相印，操劳奔忙，筹划安排，承担了大量的具体工作。

在秦惠䇹同疾病搏斗的日子里，她与李政道倾心交谈，回忆了自己和李政道相识、相知、相爱后的许许多多美好的往事，她虽然明白自己即将与相伴了一生一世的政道永诀，但她却并不感到遗憾，她深深地为自己能和举世闻名的大科学家李政道相伴一生而庆幸、快慰。回顾自己的一生，她不断地问自己：为什么自己并不是学习和从事自然科学研究的人，而却能与专心从事自然科学研究的李政道和谐相处、恩爱情深呢？想来想去，她悟出了一个道理：这和自己平日里尽力理解科学研究和科学家的精神世界有很大的关系。在和李政道相伴的漫长岁月里，她尽力熟悉他所从事的科学研究的内容，虽然自己弄不懂其中的细则，但她能深深地理解他所从事的科学研究的伟大意义和他所付出的大量心血和劳动。正是基于这种理解，才激发了她对李政道深深的爱，激励她年复一年，心甘情愿地为他和他所从事的事业献出了自己的一切：青春、梦想、兴趣和爱好，直到生命的最后一息。

在秦惠䇹病情危重的日子里，她对日夜守护在自己身旁的李政道表示了这样一个愿望：要他进一步关心祖国年轻的大学生。她气息微弱地对他说，不论他们是学文史的，还是学理工的，都应该经常到科研机构去看看做做，同科学家们多做交谈，使他们对科学家的工作有个粗粗的了解，对科学家的工作和生活有点具体的感受。谈到为什么要让大学生们这样做时，她从自己毕生的体会中，悟出了这样一个道理，她说："这对于他们自己正确地对待人生与爱情，正确地对待困难和成就，都有好处。"

听了秦惠䇹这番诀别时的嘱咐，李政道不禁潸然泪下："惠䇹病得这样重，还惦记着祖国青年人的培养和成长。"他哽咽着说："惠䇹，你的想法很好，你放心，我会考虑的……"

1996年11月29日，纽约街头寒风凛冽，行人稀少。这一天，秦惠䇹带着对李政道和孩子们深深的眷恋，永远地走了。

晨曦照进了李政道教授寓所的工作室，这天清晨，他怀着无比悲伤的心

第九篇　竹神萧萧问秋风　君影茫茫去何处

绪，在写字台前坐下来，他拿出了纸和笔，画了一幅画，画面上有两束稀疏萧萧的竹子，在画的右下方，他用中文恭恭正正地写了两行缠绵悱恻、催人泪下、寄意深远的诗：

竹神萧萧问秋风，
君影茫茫去何处。
人去楼空恩爱绝，
一别音容两渺茫。

秦惠䇹去世以后，为了能朝夕见到逝去的妻子的倩影，李政道在自己的床头上安放了秦惠䇹的灵位和遗像，小小的灵台上，他还放上了自己创作的悼念秦惠䇹的小幅图画，和镌刻着"竹君文心"字样的图章表达"惠䇹永远在我心中"的情意。

悠悠生死别经年。

秦惠䇹逝世一年以后，李政道教授怀着对亡妻无限思念的心情，又写了一首哀婉凄楚的诗：

去岁此日君我笑，
今日同时不见君。
瞬目已是一周年，
生死两地影茫茫。
心相抚，情相连。

写罢，悬挂在自己的工作室里，为的是朝夕相对，寄托对秦惠䇹的深切思念。

"惠䇹逝世后，全家人都深为悲痛。大家认为，对她的最好纪念是实现她的遗愿。"李政道说。于是，在悲痛的日子里，他和儿子李中清、李中汉，儿媳妇黄美芬,以及在美国的几位亲人召开了一次家庭会议。会上,他谈了秦惠䇹的遗愿,提出"为了纪念惠䇹,准备设立'秦惠䇹—李政道中国大学生见习进修基金'(简称'君正基金')"的设想。他说,这项基金与一般的基金不同,是专门用来资助祖国优秀大学本科生利用假期或课余时间见习科学研究,接触科学家的。

孩子们听了李政道的设想都表示非常赞成。并且表示愿意参与这项实现母亲遗愿的行动,从事造福祖国大学生的高尚事业。

李政道见孩子们一致赞同,他很高兴,"那就让我们用爱去实现惠䇹的遗愿吧!"他还说,这项基金的经费主要用他和惠䇹的全部存款积蓄①,以后再逐步地扩大。

随后,李政道教授就"君正基金"的宗旨、定位、对象的选定,以及首批实施的单位等问题,做了设想。他想,按照秦惠䇹的遗愿,主要是选优秀的大学生,利用假期或课余时间,到科研单位参观、见习、进修,或是在教授的指导下,从事某些课题的研究工作。使大学生们通过这些活动对科学研究和科学家增进了解,而且每年接受资助的大学生中必须有一半是女生。

关于基金实施的范围,他考虑先以北京大学,他和秦惠䇹的出生地,也是他们的第二故乡——上海的复旦大学,以及秦惠䇹祖籍甘肃的兰州大学,李政道祖籍江苏的苏州大学,这4所大学作试点,取得经验以后再逐步扩大。

1998年1月,李政道教授带着设立"君正基金"的方案,又风尘仆仆地来到了北京。他邀集北京大学、复旦大学、兰州大学、苏州大学4所大学的校长到北京来共同商议设立"君正基金"的有关具体事宜。听了李政道的设想,校长们都非常感动。大家说,"君正基金"是爱的结晶、爱的奉献、爱的升华,必将受到中国科学界和教育界的热烈支持。

在1998年1月23日举行的"秦惠䇹—李政道基金"(君正基金)签

---

① 共约30万美元。

字仪式上，李政道教授居中，4位大学校长坐在他的两旁，签订了有关的协议。时任国务院副总理的温家宝，以及朱平、周光召、路甬祥、陈至立、朱光亚、钱伟长等，都出席了签字仪式。

温家宝在讲话中高度赞扬了李政道教授和他已故的夫人秦惠䇹女士竭力为祖国科学教育事业做奉献的精神。他希望有关的大学做好"君正基金"的各项工作，充分发挥"君正基金"在培养人才方面的作用。

温家宝说："李政道及其家人把积蓄存款全部捐助祖国的教育事业，设立这个基金，表现了他们对祖国、对科学教育事业的热爱和对青年人的关心。"

"李政道先生是一位卓越的科学家，一直关心和支持祖国的科学教育事业，做了大量卓有成效的工作。"

"李政道先生一家生活俭朴，却把有限的积蓄无私地捐献给祖国的科学和教育事业，希望青年学生不仅要从李政道先生身上学到宝贵的知识，而且要学习他的高尚品格。"

会上，还宣读了时任国务院总理朱镕基的亲笔贺信。朱镕基在信中高度评价了李政道夫妇20多年来，为祖国科学教育事业所做的贡献。李政道教授听了非常感动。仪式结束以后，他给朱镕基写了一封回信，在信中，他告诉朱镕基，他要把这封贺信带回美国，放在秦惠䇹的灵前。他说："她看了，一定会感到欣慰的。"

签字仪式结束以后，时任国务院副总理的李岚清在中南海会见了李政道。李岚清对李政道教授多年来对中国科学和教育事业的关心支持表示感谢。

回到美国以后，他把朱镕基的贺信放置在了秦惠䇹的灵前，还把李岚清写的悼诗亲书立轴，悬挂在了自己的工作室里：昔日伉俪还故里，炎黄馆中论科艺。今朝与公再相晤，痛失秦君不得归。挚友众，分哀思。

"秦惠䇹—李政道基金"正式设立后，1998年2月里的一天，李政道教授在北京会见了记者。

当记者问到设立这项基金的目的和意义时，李政道教授讲了这样一番话：

从1979年以来，我和惠䇹经常回国，主要是为祖国科技发展和人才培养做些工作。二十多年的实践使我们深深感到，祖国对科学技术发展十分重视，制定了科技兴国的战略。但是，由于历史的原因，人们对科学技术重要性的认识还是参差不齐的。有的人科技意识较淡薄，有的人对科技还有神秘感，还有的人对科学技术茫然无知。这在一定程度上会影响他们健康成长，也影响科学技术事业的发展。所以，要想推进科技兴国，必须对民众进行科技教育，提高他们对科技的认识，唤醒他们的科技意识。只有全民科技素养的提高，才能有效地驱动科技发展的巨轮。这项工作首先要从大学生做起。所有学生，不论学什么专业，都要接触和熟悉科学技术，用科学滋养他们茁壮成长。

……

正是基于这样的认识，才考虑设立这项基金。我们捐的钱是微不足道的，试行的学校也比较少，我们只是想通过此举表达一种希望和信念，希望把对青少年的科技教育广泛持久地开展起来，希望中华民族的科技素质有一个大的提高。

李政道还动情地对记者说：

当今世界是科技浪潮汹涌澎湃的世界，即将到来的21世纪是科技更迅猛发展的世纪，让我们抓紧对青少年的科学教育，推进祖国科技事业更加蓬勃地向前发展，使祖国早日跻身科技、经济、文化高度发达的世界现代化强国之林。

自那时以来，李政道教授始终怀着对秦惠䇹深切思念的心情，关注着"君正基金"的实施情况。他每年来中国访问，在进行各种学术活动的同时，都要亲自参加"君正基金"实施情况的报告会。他不仅听取各有关大学主管基金负责人介绍情况，他还亲自听取享受"君正基金"的大学生们，谈自己到科研单位见习进修后的感受和体会。

"君正基金"实施后，教师和学生们反应热烈。申报基金的人数超过基金名额的3~5倍。在基金的资助下，大学生们通过实践，大大增强了对科学的理解，享受基金的学生毕业后，70%选择了从事科学研究的工作。

北京大学化学学院同学姜晓成在"君正基金"的资助下，由教授指导，撰写了4篇论文，其中一篇已经在美国的高级学术刊物上发表，还有一篇在日内瓦举行的"欧洲F元素国际会议"上宣读，引起了与会学者的重视。美国、法国、俄罗斯、印度等国的科学家都提出了希望与他合作的要求；他本人还被美国哈佛大学研究院录取进行深造。上海复旦大学学生田博之，在作为"君正学者"期间，学习领悟了科学研究的基本方法，先后完成了27篇论文，获得了9项专利。他衷心感谢李政道教授和已故的秦惠䇹夫人给了他从事科研实践的机会。

"君正基金"最大的突破是实现了海峡两岸本科大学生的相互交流。这个突破也是李政道教授为发展"君正基金"事业做出的重要决断。2000年年初，他的恩师吴大猷教授在台湾病重，李政道特地从美国赶到台湾探望。在这期间，台湾新竹"清华大学"校长刘炯明以及沈君山、吴茂昆等教授提出，"君正基金"在大陆取得了很好的效果，能否让台湾新竹的"清华大学"也参加。

这个想法得到了李政道教授的重视。他想，如果新竹"清华大学"也能参加，不仅使"君正基金"增加了一个新的重要成员，也可以使海峡两岸年轻的大学生之间，增加了一个互相了解的渠道。回北京后，他在基金管理委员会上谈了这件事，大家都很赞成他的建议。

2001年7月，大陆4所大学的32名"君正学者"到台湾新竹，受到新竹"清华大学"师生们的热情接待。随后，新竹"清华大学"的32名"君正学者"又分别来到大陆，他们在4所享受"君正基金"的大学，也受到了盛情款待。许多新竹"清华大学"的"君正学者"还在各校得到了自己仰慕已久的著名教授和学者的指导。"君正学者"们说，在大陆进修的时间虽然只有短短6周时间，但是，感受新鲜，启示深刻。

海峡两岸的"君正学者"们回到各自的母校以后，向同学们讲述了自己的见闻和收获，他们还把见闻写出来，发表在"君正学者"的交流文录上，在两岸的大学生中广为传阅。

自1998年"君正基金"建立以来，7年间，享受"君正基金"的人数从每年的数十人，扩大到每年近200人。到2004年，海峡两岸的大学生中，已有800多名"君正学者"，享受基金资助的学生的专业，也从原先的自然科学扩展到人文社会科学和技术科学的许多领域。这些年轻的"君正学者"的见习进修成果也十分丰硕，他们先后进行了800多项课题的研究，写出了800多篇论文，其中还涌现出一批有科研才能和发展前途的优秀青年学者。

"君正基金"的喜人成果，祖国青年们的健康成长，尤其是成百上千位"君正学者"在祖国大地上播下的爱的种子，真真切切地实现了李政道教授当初设立这项基金时的预言："让我们用爱去实现惠䇹的遗愿吧！"

往事如梦如烟。一年又一年地过去了。当一年一度春风又绿江南岸，当一年一度秋风劲吹的时候，太湖之滨灵岩山上的梅花开了，又谢了。人们会时不时地见到李政道这位饱经沧桑、面带悲情的老人，来到秦惠䇹女士的墓前凭吊默哀。他默默地向墓中的主人倾诉着，正在神州大地上演绎着的"君正学者"的故事……每逢这时，痴情的、年迈的李政道教授的眼前又浮现数十年前那个迷人的夜晚，耳边仿佛又响起冰上芭蕾优美的旋律……他默默地凝视着镌刻在墓碑上自己手书的诗：竹神萧萧问秋风，君影茫茫去何处。那个大眼睛的美丽姑娘，正如同竹神一般向他飘飘走来……①

---

① 综述当时的《科学报》等报刊报道。

篇外篇

1. 在科学的春天里

> 我感到，大家都被中国的四个现代化推动起来了，这是很了不起的，我不应该袖手旁观！
>
> ——李政道

1977年春天来临。

这一年的春天，在中国人的记忆里，是既兴奋又难以忘怀的。对李政道来说，也是如此。他和秦惠䇹一踏上中国的土地，便被一种浓郁的、渴望尽快恢复被"四人帮"搞乱了的科学和教育秩序的气氛感动了。后来，他回忆这年春天的来访时的心情时，讲了这样一番话："1977年春天回来，刚刚打倒'四人帮'，大家很激动。我建议国内搞小的正负电子对撞机，从经济考虑还不是主要的，主要的是可做第一线的粒子实验。既可搞基础，又可搞应用，这很重要。就像解放后搞原子核物理，下很大力气，在60年代起了很大作用一样。也与50年代我那个学校（哥伦比亚大学）搞激光一样，搞出来后很快就有广泛的应用。1978年，中国要建大的质子加速器，[①] 与1977年我的建议不一样，但我在海外尽量支持。我一方面自己做实验，另一方面与美国所有

[①] 后来项目取消了。

最好的高能实验室联系，接收中国物理学家去学习、工作。"①

1979年春天，这是粉碎"四人帮"以后迎来的第二个春天，中国的科学家们经过十年动乱的劫难，都十分痛惜失去的时间，年复一年的动乱不安和闭关锁国，使科学家们对国外的科技发展知之甚少，迫切希望了解国外科技发展的新情况、新知识。正在这时，李政道再次从大洋彼岸风尘仆仆地归来了。

这年的3月27日，他应上海物理学会的邀请，做了题为"夸克——今日的粒子物理学"的学术报告。在这次报告中，着重介绍了他对"夸克为什么被幽禁"的研究成果。

在报告中，他介绍了什么是基本粒子，什么是夸克模型以后，说："夸克，英文原文为'qwark'，这是一个已经废弃的古代的象声词，意为海鸟的叫声，是美国理论物理学家盖尔曼在提出基本粒子有更基础的构成时，借用詹姆斯·乔埃斯所著《芬尼根的彻夜祭》中的一行诗'为检阅者似的马克王，叫了声夸克！'而取的一个怪名称。"

在报告中，李政道谈了夸克模型的由来及其种类，回顾了夸克模型取得的巨大成功。他说："夸克模型正像任何理论模型一样，有取得成功的一面，还有存在困难的一面，最令人困惑不解的是，无论用多么大能量的加速器和高能宇宙线轰击强子，从来没有从基本粒子中打出夸克，即谁也没有发现过自由夸克的独立存在。于是，人们就想是否夸克亦是一种数学构成？抑或夸克并不实际存在？但大量的实验事实表明，夸克确实是存在着的，许多人都不甘心放弃具有如此魅力的夸克模型。充塞人们心头的疑云逐渐凝聚到一点：是否夸克会由于某种超乎寻常的强大的结合，而被紧紧地胶合在一起，以致永远地被幽禁起来了呢？于是，'夸克为什么被幽禁'的问题，近年来成为高能物理学家极力寻求解答的一大难题。"

这年春天，李政道来访期间在报告中介绍的成果，是前一年他同美国物

---

① 摘自赵紫阳会见李政道谈话记录，1982年3月。

理学家弗兰特堡合写的论文《量子色动力学和强子的孤子模型》中的理论解释，为解决这个问题，做了有益的尝试。①

李政道经过潜心研究指出，真空乃是一种极其复杂的东西。在这篇报告中，他试图把这种复杂背景的"真空"和"夸克为什么被幽禁"两个问题联系起来加以考虑，把解决量子色动力学中非阿尔贝尔规范场存在的"红外发散"的数学困难，同解决"夸克为什么被永远幽禁"的物理困难，合在一起加以考虑，以求得夸克被永远幽禁的理论解释。

为此，李政道曾风趣地说："把解决两个困难合在一起，这叫作否定之否定。"②

1979年暮春时节，北京西郊友谊宾馆毗邻的北京科学会堂庭院里，和风拂面，暖意融融。在这个树木葱茏的院子里，玉兰花、迎春花、丁香花，一簇簇，一团团，竞相绽放，争奇斗艳。

就在这个风和日丽的春天里，应中国科学院的邀请，这年的3月21日，李政道到达北京，同行的还有他的夫人秦惠䇹。

这次来访，他是专门为中国科技大学研究生院的研究生们讲授"统计力学"和"粒子物理"两门课程的。为了使国内有关方面的科研和教学人员在理论方面得到提高，给中国多培养些人才，他向有关方面主动提出，希望扩大听讲的范围。

中国科学院当时的负责人对李政道的这次讲学活动非常重视。由中国科学院理论物理研究所、高能物理研究所和研究生院的负责人、科学家何祚庥、冼鼎昌、汤拒非等人组成了讲学接待小组，他们经过与中国科学院、教育部、国防科工委等部门联系，共邀请了全国33个科研单位、72所高等院校的1 100多人前来听讲。

当时，中科大的研究生院初建，物质条件非常困难，为了使李政道的

---

① 美国《物理评论》1978年第18卷第7期。
② 《百科知识》1979年第1期。

这次讲学获得成功，他们除在报告厅里修复了闲置十几年的活动黑板，安装了投影仪、灯光照明、录音、录像等的设备外，还在休息室里开设了闭路电视。

在这之前，李政道从美国寄来的100多篇文献资料和书刊，经过复制、赶印，很快地办起了一个小型的阅览室，供研究生们课余时间参观阅读。

当年，李政道正年富力强，风度翩翩。他精力充沛，满面春风。这次准备讲的统计力学、粒子物理两门课程，在国外一般要用三年的时间才能讲完。在美国，他每年最多讲28～30个小时。这次来中国讲学，他决定在7周之内给大家讲完，每周要讲15个小时。

接待李政道这次讲学活动的科学家对人们说，像李政道这样的著名科学家，在这么短的时间里，安排这样大量的课程，不仅在国内没有先例，即使在国外也是少有的。由此可见，他为中国培养科技人才的一片热心和不辞辛苦的实干精神。

为了搞好这次讲学，事先他做了很多准备工作，一年前就寄来了两门课程的讲稿，其中"粒子物理"是1978年的讲稿，为了把粒子物理方面的最新成果加到讲稿里去，他用了几个月的时间又把讲稿重新整理了一遍。新的讲稿几乎包含了当时的全部最新成就，其中有电磁相互作用和弱相互作用中的Weinberg-Salam模型，强相互作用中的部分子模型，QCD（量子色动力学）以及孤粒子（soliton）理论，口袋模型等。尤其是在讲稿中还介绍了他自己近年来的研究工作。

为了使听讲者得到更多的知识，他还先后寄来了有关的参考资料、文献和书籍，其中包括1946年以来他发表的一系列论文［其中包括他和杨振宁教授在1956年发表在《物理评论》（*Physical Review*）杂志上的著名的宇称不守恒的发现］，以及有关粒子物理和统计力学方面的书籍。

1979年4月2日，讲学开始以后，年近八旬的著名物理学家严济慈走上讲台对着麦克风说：

"为了加速培养我国的科技人才，李政道教授不远万里来我国讲学，他的一片热忱，是我们学习的榜样！在座的都是新中国培养出来的年富力强的科学人才，为实现四个现代化奋勇攀登。我相信，在这风和日丽的春天，李政道教授的辛勤劳动，一定会开花结果！"

这时，全场响起了热烈掌声。

随后，李政道教授走上了讲台。他说：

"大家现在不要鼓掌，等7个星期以后再看。33年前，我刚去西南联大读书时，今天在座的严（济慈）老师、赵（忠尧）老师、张（文裕）老师，以及许多老同学，都给了我教诲。我在物理上做出的小成就，都是和那时老师们的教育、同学们的鼓励分不开的！"

随后，他便开始了长达7周的讲学活动。

关于这次讲学活动的盛况，我在《李政道教授在中国讲台上》这篇通讯中，曾做过这样的描述：

暮春5月，一个风和日丽的日子，来自全国33个科研单位和78所高等院校的数百名研究生、教师和科研人员，齐集北京科学会堂报告厅，兴奋地在等待着听讲。

铃声响了。著名美籍物理学家李政道教授笑吟吟地走上了讲台。他身穿灰色的中山装，含笑向在座的人们点头问好，把讲义放在投影仪下，就讲起课来。

课堂上，一片静谧的气氛。投影仪映在墙上的讲义写的是：

Ⅲ：互相作用

目前的所谓基本粒子

媒子：光子，万有引力子，中间玻色子

轻子：中微子，电子，……

夸克：下，上，奇，粲，底，顶，……

再往后，就是密密麻麻的方程式。李政道教授用带上海口音的普通话说："今天讲粒子物理，大家请看这张表，在这里都是些数字、符号，这都是前辈和近代科学家经过长期的探索得来的……这中间有一大部分已成为历史上的东西,科学是发展的,最重要的不是过去,是现在跟将来,进入70年代以来,基本粒子物理的研究发生了革命性的变化……"

时间一分一秒地过去。他不停地讲、不停地写,讲得实在太累了,就手按着教鞭,把头伏在上面歇一会儿。他,满头大汗,干脆把外衣脱掉继续讲。在长达三个小时的时间里,从强作用、弱作用的发展史,讲到粒子物理的过去、现在和将来。台上台下,课堂内外,讲课的人入了神,听讲的人也着了迷,人们进入了奥妙无穷的粒子世界。"

这是记者目睹的一次讲学的片断。李政道教授为新中国培养科技人才的一片深情,溢于言表,深深地留在人们的记忆中。①

在这年的讲学期间,人们说,李政道每天早起晚睡,在他下榻的北京饭店里,他每天凌晨3点就起床备课,见他人瘦了,嗓子哑了,劝他休息,他笑笑说:"这么多人认真听课,我花些劳动是值得的。"

这年的4月4日中午,李政道在同负责整理讲稿的研究生们谈话时,同大家谈了国外物理工作的一些情况,也谈了宇称不守恒的发现过程。

李政道说:"对于物理实验中的一些特殊现象,如果没有追根究底的精神,往往会把重要的结果错过了。比如,在吴健雄的实验之前,已经有一位美国的物理学家从事宇称不守恒的实验,但是他的结果不够准确,没有发表。直到吴健雄的工作得出肯定的结果以后,他又重做实验,两个星期就做出来了。在这以前,也有一位实验工作者用极化电子束做实验,发现结果和理论的预言不符。可是,他自己并不知道用的是极化电子束。当一位苏联的理论物理工作者说他的实验违反了宇称守恒定律,是错误的时候,他就承认了自己的不对,改用了非极化电子束。现在看来,他原来的实验是完全正确的。"

---

① 《人民日报》1979年5月18日。

李政道还说，当宇称不守恒的实验没有成功以前，他自己也在研究 CP 破坏的问题，当时以为这个现象大概自己这辈子不会见到了，但是没想到只几年（1964 年），这个问题就得到了证实。在谈话中，他表示自己深深地感到科学技术的进步是十分惊人的。

4 月 6 日中午，李政道同几位研究生和科技大学研究生院的几位教师共进午餐。他和大家边吃边谈，席间，他关切地询问了研究生院的体制和师资状况，并且对中国仿苏的教育体制谈了自己的看法。他说，专业分得太细不见得好，就像一个人，心脏跟微血管哪个重要？

随后，他着重谈了美国大学物理系的情况。

李政道说，在美国，物理系只有一个，大学里头四年是不分专业的，就是研究生，头一两年也不分专业，到做论文了才细分题目范围。搞基本粒子的，搞核物理的，搞天体的，都是这么一些人；物理工作者应该是面宽的，如果分得太细了，每个人只搞一点点，不容易出新成果，从长远看，也不能适应科学发展的需要。美国有的专业挂着物理的牌子，如叫应用物理系，实际上是搞技术科学的。

在谈话中，李政道一再强调搞物理的人物理思想很重要。他说，数量级的概念是物理的东西，从某种意义上说，它比数学推导还重要，否则计算工作会无从下手，或者无法判断运算结果的正确与否。谈到这里，他笑起来，对在座的人们风趣地说："有人说，北京的长安街是世界上最宽的街，其宽 1 厘米，你们说对不对？"

这时，在座的人中有人向李政道提问："为什么在统计力学中选择黑体作为研究对象？"他说："在研究工作中选择什么样的对象，是由自己决定的，我们认为黑体是最理想的，就选择它。并且按照我们的选择做下去，不管别人怎么做。但是，结果必须是相同的，因为我们大家都生活在具有共同物理性质的同一个宇宙里。"[①]

[①] 摘自中国科技大学研究生院简报（1），1979 年 4 月 2 日。

李政道为中国研究生讲课

在那些日子里,我曾亲临现场采访,目睹了北京科学会堂的报告厅里座无虚席的盛况。为了听清弄懂李政道教授讲的每一堂课,不少人挨着讲台席地而坐,坐在后排的人们则一面举着望远镜注视投影仪映在墙上的讲义,一面紧张地做笔记。在报告厅的地下室和中国科技大学研究生院里,人们围着一台台转播电视机,也在认真地听讲、思索、做笔记。

听讲的人们中,有李政道早年的老师、同学和好友,也有新中国成立以后培养的年轻物理学家,还有粉碎"四人帮"以后入学的研究生们,有70多岁的老教授,也有20多岁的研究生。他们对李政道讲学的一致评价是:学识高深、方法科学、治学严谨、诲人不倦。

讲学开始以后,虽然盛况空前,许多听讲的人如饥似渴地席地而坐,但李政道还是谦虚地对大家说:"如果我讲得不好,你们可以随时退席!"

北京大学的听讲者们在讨论中一致认为,李政道讲课的特点是:问题提得明确,线索清楚,重点突出。中国科学院理论物理研究所的听讲者们则说,李政道教授讲课,每一门课都是以最基础的概念讲起,但是却选择最短的途径——用物理学的术语来说,他讲课走的是"短程线",迅速地把人们带到了现代科学的最前沿。华中工学院的听讲者们说,像粒子物理这样的课程,历来是很难讲的,然而李政道教授却对讲学内容有独特的处理方法和风格,深入浅出,自成一体,既讲得深刻,又使人容易领会。

年轻的研究生们则说,作为一位教授,他和学生的心是相通的。在课堂上,他时时都在关注着人们的理解程度。

人们说,听李政道教授讲课是一种高雅的艺术享受。许多高深莫测的问题,他轻而易举地就讲透了,而且能娓娓道来,深入浅出,功夫很深啊!

人们举了这样一个例子:有一天,李政道讲"孤粒子",由于他独具一格的教学方法,把公认的最容易讲玄的问题,讲得神采飞扬,犹如画龙点睛。既使教授们获得教益和启发,又使研究生们受益匪浅。

关于孤粒子的缘起是这样的：1845年，英国物理学家斯科特·罗素做了一个关于"波"的报告。他在报告中说："1834年8月，我第一次有机会看到了一个美丽的现象。我看到一只船，这只船由两匹马拉着沿着狭窄的运河前进。后来，船停下来，这时从船头上翻出一股激浪，很激烈地翻滚着，突然离开船头向前运动，速度很快。它的形状是固定的、圆截面的、光滑的水堆。它在前进的时候，不改变形状，也不降低速度，我坐在马上跟踪前进，以大约每小时八九英里的速度跟着跑，这水堆一直保持原来的形状，有30英尺长，1英尺半高，后来高度逐渐降低，追逐了一两英里以后，在运河的转弯处就看不见了。"

自从罗素发现了孤立波，100多年来各国物理学家反复讨论过产生这种现象的原理，直到1895年才得到了正确的解释。1973年，有人试图以此来解释基本粒子物理。过去研究基本粒子物理用的都是线性方程式，难度很大，视为畏途。

从1973年开始，李政道教授开始研究这个问题，在基本粒子物理的研究中，他第一个引进了非拓扑性孤粒子的概念，先后就这个问题发表了十数篇论文，对这方面一些根本性的问题，做了理论上的探讨。为这个领域的研究开辟了新的途径。

在这之前，李政道还发展了反常核态理论。① 他在这个理论中预言，当两个铀的原子核发生碰撞时，核的密度超过正常状态，也许有可能发生反常核态现象。而这种现象过去在自然界中还未发现过。他强调，真空并不是什么都没有，真空是一个实实在在的东西，是具有洛伦兹不变性的一种介质，它的物理性质是可以通过基本粒子的相互作用表现出来的。当时，美国有一台高能加速器正在为验证李政道的上述理论做准备。②

在这次讲学过程中，谈到李政道的教学态度，人们也很敬佩。他每天早

---

① 即他曾送给毛主席、周总理看的论文《不平常的核态》。
② 汤拒非教授访问谈话，北京科学会堂，1979年4月15日。

晨 3 点钟起床，备 3 小时课，写 15 张投影仪胶片，然后，坐车来讲课。天天如此。理论物理研究所当时的所长何祚庥说："人们从李先生的教学中，不但学到了丰富的知识，而且学到了好思想、好作风。他讲的每句话，不但让学生听，而且要使学生们听得懂。在课堂上，他一遍遍地询问大家听懂了没有？征求大家有什么反应，有什么需要改进的地方。只要有一个人还没有听懂，他也再三讲解，直到大家都弄懂了为止。"他说："李先生的教学，体现了少而精的思想，他果断地砍去枝叶，取短程线，最快地到达科学前沿。他讲课重在精，精又精在基础上，他要求最必要的基础的东西，要记得很牢，同时又很快地提高起来。比如孤粒子（soliton），如果专门讲它，本身就可以开个讲座，而李先生有他自己的独到的见解，我们以前只注意到拓扑性中去了。"[1]

当时，听讲的还有一些大学的教授。北京师范大学的教师刘辽说："过去我们讲量子场论，场的量子化问题、度规问题，转来转去很难讲，这次李政道教授用一个库仑规范，一下子就上去了，一刀扎进要害处，很有启发。"

李政道教授这次讲学，之所以获得了巨大成功，固然是由于他对祖国的一片热忱，愿意为祖国的科技和教育进步出力；也由于他学识高深，教学方法独特。当然，还跟他忘我的工作精神分不开。

据接待单位的负责人告诉我，那年李政道教授要来中国讲学的消息传开以后，人们纷纷要求前来听讲，要求扩大听讲的范围。他们经研究最后决定全国各重点大学和重点的研究机构都派人来听讲。李政道教授听说后，很高兴。他说："好，我就按大范围讲！"

但是，这样一来又出现了困难：原来准备的讲义是讲给高水准的人们听的。为此，他又重新写了投影卡片，但是，最高的要求并未降低。原来，主办单位担心"坐飞机"的人[2]会很多。讲学期间，李政道经常风趣地问："怎

---

[1] 何祚庥访问谈话，1979 年 4 月 14 日。
[2] 指晕头转向听不懂的人。

么样？'坐飞机'的人多不多？"

在讲学的日子里，有人问他是怎样备课的？他说："我回国以后发现情况有些变化，听课的对象和国外的不一样，所以有必要重新处理一下讲课的内容，重新编排一下讲授程序，目的是使大家都能跟得上。主要是想办法把快动作变成慢动作，在课堂上讲出来，不太容易。"他每天讲3个小时的课，却要准备6个小时。

"我每天睡6个小时，中午不休息，这是习惯。"① 李政道说。

"有这么多人听讲，我花些劳动是值得的。"有一天，李政道感冒了，咳嗽得很厉害。人们劝他休息，他说："我假如少备课两个小时，就很可能使有些人接受不下来，因此，我要仔细准备。"有天晚上，他和研究生院的负责人谈培养研究生问题，谈到9点多。过后，他又往美国哥伦比亚大学打电话，直到深夜。研究生院的负责人临走时嘱咐他夫人秦惠䇹，说："明天早晨不要让他起来那么早！"

第二天一问，秦惠䇹说，他还是凌晨4点就起床了。李政道轻描淡写地说："不能让上千人等我！"

这一年的4月10日、13日中午，李政道和夫人秦惠䇹，在北京科学会堂餐厅同部分研究生共进午餐。席间，他询问了大家的学习状况。

李政道说，物理学研究的范围非常广泛，上至恒星、宇宙，下至微小的粒子，都是物理学的研究对象，但是，这些对象总是有几条最基本的原理管住它们，这些最基本的东西，恰恰是最简单的。搞科学研究，首先要把最基本的东西学好，不要过早地深入到某一过细的专业中去。最重要的东西往往是最简单的，但是它的应用最广泛。他举例说，50年代他讲电动力学时，他的改卷助教跟着学了。后来，这个助教发现了固体激光。这位助教说，他当时听电磁学这门课，对他发现激光是很有帮助的。

在谈话中，李政道教授对年轻的研究生们谆谆教导，在言谈话语中，他

---

① 摘自中国科学院研究生院简报（4），1979年4月13日。

再次强调了数量概念的重要性,并且以人口增长为例加以说明。他还说,搞实验工作的一定要学好粒子物理这门课,这样才能与搞理论的人有共同语言,有同样深刻的物理思想。

"搞实验的人如果不懂物理,就不了解自己做实验的意义和目的,不应满足于自己当一个'技工'。"

谈话中,李政道认为,当时中国研究生的状况,有点类似法国和美国第二次世界大战后的状况。在战争期间,法国完全停下来了,美国略有些。战后,法国有的人在国内读书,有的去美国完成他们停下来的学业,花了三四年就恢复过来了。新的一代跟着上来了。

"在科学上,三四年就是一代。"李政道说。在学习上要有足够的信心。当年,他们在昆明西南联大读书时,学习、设备、生活条件都比现在的研究生院差得多,但并没有妨碍他们学习。当时,他的同学现在成为著名学者的很多。到了美国,他们也并不感到自己不行。和许多大人物接触,也没有感到中国人什么地方差一点。无非是有些设备国内没有,没见过的,见了就变成见过了嘛!"一天生,两天熟,三天就可以成为专家",因此,大家一定要有信心。①

1979年4月15日上午,李政道和秦惠䇹来到北京人民大会堂的新疆厅,受到了邓小平的接见。

这天,中国科学院当时的负责人方毅、钱三强,以及著名物理学家张文裕教授等也在座。

"李先生来了很多天了吧?!听说讲学很紧张,一天十几个小时,顶得了吗?我有个孩子也在听你讲学,大家都反映你讲得很好,反应很热烈。"见面以后,邓小平笑着对李政道说。

"邓副主席的夫人和孩子,都是学物理的。"方毅插话说。

当李政道谈到他这次讲学,中国科学院组织得很好时,邓小平插话说:

---

① 摘自中国科技大学研究生院简报(6),1979年4月19日。

"不谈感谢了,你也不需要我们谈感谢,你做的贡献很大!"

谈话中,邓小平问李政道是否去过昆明?李政道说去过昆明。李政道说,中国要搞四个现代化,大家听了都很高兴。他说他很想听听邓小平关于培养人才的看法。

邓小平说,关于培养人才,这两年谈过不少,这个问题不解决不行。科学和教育方面暂时还遇到一些困难。高等学校多招学生,没有校舍,没有师资,多招收有什么用?不能不想法多派些人出国。搞高能没有钱,现在要解决。

"已经拨了钱了。"方毅插话说。

听了邓小平的上述一番话,李政道说:"此外,还要考虑怎样培养,尤其是基础学科的学习。培养出的人才,是否是全面性的,这一点非常重要。"

随后,李政道谈了他去昆明的种种见闻。

李政道说:"这次我去看了一下昆明的西南联大旧址,现在是云南师范学院了。西南联大是我的母校,过去都是草房子,现在盖起了楼房,只剩下一幢铅皮顶的老房子了,面貌全变了。当时有1 000多人,我在那里读过书,那时的设备是不能再简陋了,物质条件没有再差的了。我这次去昆明的云南师范学院,他们现在条件差,但与当时西南联大相比,好多了。那时,我们十五六个人住一间草房子,还得天天把床板搬出去煮臭虫。但那时,西南联大出来的人并没有感到自己就比别人差,我是从那里去美国的,当时我才20岁,我就没有感到自己学校条件差,因而我就比别人低一些。其实,西南联大的人在其他学科方面,例如在天体物理、化学、数学方面,都有很多人才,都做了很多的贡献。这说明人是最重要的。这次我去昆明看了一下,感想很多。"

在座的人们静静地听着。

沉吟片刻,李政道又说:"在搞四个现代化的过程中,培养基础全面的人才是非常重要的。这次为了中国的高能物理实验,我从去年10月就考虑,怎样为中国训练人才。如像您所说,就像发展钢铁问题一样,训练人才也是要讲质量，要讲精。"

随后，李政道谈了他为中国联系培养科技人才的问题。他说，在这之前，他曾向美国的三个高能物理实验中心，即东部的布鲁克海文（Brookhaven National Laboratory，BNL）、中部的费米（Fermilab，FNAL）、西部的斯坦福直线加速器中心（SLAC）了解情况，到这些中心做实验的，多半是各所大学的人员，问他们是否愿意接收中国的物理学家来全面训练？能接收几位？结果，无一例外，27位教授都愿意接收中国来人进行全面训练，也都表示每一处最好接收两位。

李政道说："人数不要多，一多就不能全面培训了。这27处，每处平均培训两名，就能派54名。这就是说，几乎在每个重要的实验中，都有两位中国人。在那里，他们可以受到全面的训练。培养基础科学人才，不但要知道别人已经知道的，更重要的是要知道别人不知道的。在军队里，如果只学打手枪，就不会培养出一个参谋长，必须训练出一组人，每人都是能够独当一面的人才。"

在这次话题广泛的谈话中，李政道还向邓小平等国家领导人讲述了高能物理和加速器对科学技术的推动作用。他说：

"这次为加速器我也做了同样的考虑，这种加速器如您在华盛顿所见的那样，它既不能吃，价钱又很贵，为什么要搞它呢？有两个比较重要的原因：一是长期的原因，一是目前的。先就目前的原因来说，造加速器它要求最严，需要的技术最先进。普通工商业上用的设备，按处理问题的数量来说，最多不超过世界人口数量的几十亿，但是，高能粒子方面，在任意一个立方厘米的物质中，就有10^{23}个原子，1个原子中又有很多核子，1个核子中又有很多粒子。所以，研究粒子的设备要求非常严，比商业上用的要求要高得多。比如自动控制、电子计算机等的设备 NIM、CAMAC① 等，都是在造加速器时发展起来的。现在已是世界各方面都通用的先进设备了。所以说，高能物理推

---

① 两者都是当时先进的工业控制技术。

动了技术的发展。"

在这次会见中，李政道还说，经过他的联系，美国已经同意每年全面培训20名中国自动控制和电子计算机方面的人才。5年就是100名。他说："这是很不容易的机会，平时，哪里能找到这样多的、全面的、高质量的培训机会呢？有这样好的机会，我希望一定要选派最好的人才去。"

听了李政道的上述一番话，邓小平叮嘱在座的方毅、张文裕等，一定要做好选人的工作。

过了片刻，李政道又说，设备是死的，花了很多钱买了计算机，但它不能拆开，也不能自己改进，把人培养出来就不同了，可以提高它，发展它，有了人就可以考虑怎么使用，就可以推进科技的发展。这些人才放到全国各地，就会带动工业进步。譬如，美国在（20世纪）30年代时，计算机很落后，也没有激光。二次大战以后，场论、量子力学大发展。在哥伦比亚大学培养了一批人才，他们推动了这些科学的发展。又如超导，很早以前虽然知道这个现象，到了50年代才对它有点了解。而现在，超导又有了很大的发展，其中有一位古柏教授（Cooper），原是哥伦比亚大学得博士学位的学生，他的博士论文是粒子物理，但他对超导的发展做出很大的贡献。这说明，基础物理训练好了，就有可能全面发展，推动各个方面发展。

听李政道讲到这里，邓小平问在座的高能物理研究所所长张文裕教授说，选人是否按照这样的标准选的，得到肯定的答复后，李政道继续说："派遣人员培训要看送去的地方是否对？送去的人是否好？这两条是关键。如果这两条都选对了，就能培养出全面的人才来。"

在会见过程中，李政道侃侃而谈。邓小平对他为中国培养科技人才的一番盛情厚意很是称赞。这时，一直在默默听讲的李政道教授的夫人秦惠䇹在一旁插话说："政道过去对这类事（指联系培训人才）从来不感兴趣。去年，为了给中国培养高能人才，他搞了4个月，亲自打了五六十个电话，联系这54名实验人员的培训问题。别人都说政道变了。就连讲课，政道也是变了，过去讲课，他也没有这样积极过。"

听了秦惠䇹的这番话,邓小平笑了起来。他风趣地说:"一连打五六十个电话,解决了问题,这说明电话很重要,能解决问题。我在日本访问时,土光①对我说,一个交通,一个通讯,这两方面最重要。"在座的人们听了,都笑起来。

随后,在座的人们又谈到了在国外学外语的问题。

李政道说,一般到了国外以后,学习外语都不会感到十分困难。在国内学习时,平时要打好专业基础,对英语不要花太多的精力,如果外语有一定的基础,在出国前集中学习一段时间,是能对付得了的。出国培养的重点,主要是基础知识。当然,外语也要懂,它是一种学习的工具。②

在这之后,有一天,我在北京科学会堂见到了李政道教授。当时,他正在紧张地讲课。中间休息时,他一面往嘴里塞润喉片,一面和我交谈。当问到他为什么如此热心地给中国培养科技人才时,他讲了这样一番话:"我感到,大家都被中国的四个现代化推动起来了,这是很了不起的,我不应该袖手旁观!"

李政道教授的这番话是在1979年5月一个阳光灿烂的下午,作为当时的记者和见证者,当时的情景多年来时常浮现在我的脑海里,我想,他虽然年复一年地生活在大洋彼岸,但他从来没有忘记过自己的根,他希望自己的祖国繁荣昌盛。当中国大地上乌云滚滚时,他焦虑,他困惑,他痛心疾首,不惜冒着风险对国家领导人直言相谏;风雨过后,中国大地呈现出勃勃生机时,他又风尘仆仆地漂洋过海,来为国人忘我地、不辞辛劳地教书育人……

我想,李政道教授与其说是变了,不如说他从来就没有变,因为他的根早已深深地扎在了这片古老的土地上。

---

① 指土光敏夫,时任日本经济团体联合会会长。
② 摘自邓小平会见李政道谈话记录,1979年4月15日。

2. 与少年班的孩子们对话

> 一定要培养学生的好奇心，要让他们敢于提出问题。
>
> ——李政道

在李政道教授的记忆里，偏僻荒凉的小山城——湄潭是难忘的。还有贵州的永兴，以及云南的昆明，都是他曾经度过了一生中最宝贵的青少年时代的地方。

自那时以来，几十个春秋转瞬间逝去了。那遥远的小山城，依旧阴雨绵绵吗？还有那碧波荡漾的湄江，以及江馆、楚馆，如今都是什么景象呢？

在李政道教授的记忆里，昆明西南联合大学，是当时中国最好的大学之一。他在这个大学受到了良好的大学教育。战时，这里的物质条件虽然极差，但是，西南联大的师生员工们却精神振奋，以极严谨的态度治学，弥补了物质条件的欠缺。他还记得，这所大学的图书馆由于战争原因，杂志往往过了一两年才能收到，窗户没有玻璃，在这里看书和写作时，必须找个东西把纸压着，否则，就会被风吹跑。但就是在这样简陋的图书馆里，他也学到了许多知识。他记得，那时，联大的教室屋顶是铁皮的，下起雨来，屋顶叮咚作响，使得他和同学们不得不聚精会神地，睁大眼睛、目不转睛地注视着讲台上老师讲话的声音和表情，生怕错过了老师所讲的任一句话。

最使他难忘的是，当时学生的宿舍里，那些讨厌的臭虫和蚊子。他记得，他和许多同学住在一间草泥房子里，夏天，又闷又热，蚊虫肆虐，臭虫到处爬。在拥挤不堪的寝室里，他和同学们睡上下铺，隔几天，就得把床搬出去煮臭虫；到了冬天，房子到处透风。无论寝室还是教室，到处都是冷飕飕的……

李政道虽然少小离开中国，然而无论是在大洋彼岸，还是驻足欧洲，不管他浪迹天涯到了世界的哪一个地方，他都深情地眷念着这片使他梦魂萦绕的土地。青少年时代，在这里经历的许多往事，使他终生难以忘怀。

1979年后，他曾经一次次地去昆明，去寻觅自己青少年时代学习、生活过的旧地，寻觅曾经相识的故人……其情其意，可谓真切感人。不仅如此，在回国的日子里，他还时不时地触景生情地回忆起许多往事。

1979年春天，也就是李政道在中国讲学期间里的一天，他来到北京西郊中国科技大学研究生院参观，看到了这里有许多木板房子，他说："这最像我们西南联大的房子了。我离开昆明西南联大，是1946年，那时候，物质条件是很差的，住的是草房子。过几个月就要把床搬出去煮臭虫。那时，联大的条件只有一间煮床的小房子，所以每过一段时间只能煮一个床，臭虫不能同时消灭。"

在场的人听了，哄堂大笑，他也笑了。过了一会儿，他又说：

"我还记得上物理实验课时，整个实验室只有一个小的电子仪器，学生只准看，不许动。我出于好奇心，用手捅了一下，把一根线弄断了。"他打着手势说："所以后来我就改学理论物理了！"大家听了，又笑。

讲到这里，他的神情严肃起来，他说："重要的是人，不是物质条件。仪器、设备都是人造的。只要大家肯学习，把基础打好，把人培养出来，就可以创造一切。"

从昆明访问回来以后，他对科技大学的陪同人员说："这次我回到昆明，他们招待得很客气。说他们学校条件不好，什么设备也没有，我一看，草房子没有了，盖起了洋房！仪器、设备也是新的。重要的是人，不是物质条件，学习是个关键，基础要打好。这次回来，感到大家都想使中国尽快实现四个现代化，海内海外的有志之士对这个问题都很关切。现代化并不是要买新的东西，而是要了解近100年来科学上到底有些什么新成就……"

1974年，李政道回国以后，目睹了"四人帮"对中国科学和教育事业的严重破坏，他的心情很苦闷。曾对自己的一位老同学诉说当时自己的心情："考虑到我如果提出从高中直接招生，是不可能接受的，所以就想出了理科人才也可以像文艺、体育那样从小培养的办法，估计这是唯一有可能被接受、采纳的建议，于是，就提出来了。"

1979年回国后，他听人说中国科技大学办了少年班，非常高兴。他说："我想见见他们，和他们谈一谈。"这年的4月20日，他在讲学期间放弃了周末的休息，专程从北京赶到安徽合肥，看望了少年班的孩子们。

这是一个春光明媚的艳阳天，科技大学的校园里一片欢腾，李政道教授风尘仆仆地出现在了校园里。

随后，副校长杨海波、钱临照等人向他介绍了科技大学和少年班的情况。在这之后，李政道就像见到了久别重逢的亲人似的，与师生们开始了倾心畅谈。

"我非常希望科技大学有好的毕业生送到哥伦比亚大学去学习。最好学生能在19岁左右大学毕业，开始做研究工作，根据这个年龄再往前推，应该在15岁左右进大学，这样才可能保证19岁毕业，做几年工作，在二十三四岁时有可能出成果。当然，再晚一点也可以做一些工作，就要吃点亏。早一点，可以占点便宜。这跟学习语言是一样的。"随后，他向在座的人介绍了美国大学的情况。

"美国大学实行奖学金制度，近十年来有很大改进。有两种：Fellowship 和 Scholarship（中文常都翻译成奖学金）。前一种是较难得的，以学术优秀为主，后一种是普遍性的，领取者必须是家庭贫寒，并不问学生的业务如何，只要合格就可以。在大学生中仅此两项。可是在研究生中，除此之外还可以做助教（教学助教和研究助教）。哥伦比亚大学物理系是把所有两种奖学金和助教经费都混在一起统筹安排的。因此，全部研究院的学生都可以免费，并且得到生活维持费。一直到取得博士学位，你一年可以拿到毕业文凭的，就支持你一年的费用；一年毕不了业的，学校一直可以支持学生七年时间，七年如果再上不去，就不能继续了。极优秀的学生也有的，在大学时就读研究生课程，只要通过考试就行，所以上去得快。"

"李政道教授就是这样学习的，他是中国血统的科学家中第一个获得诺贝尔奖奖金的人！"杨海波插话说。说完，杨海波副校长站起来，代表科技大学向李政道教授赠送了礼品——安徽的铁画和竹雕台屏。李政道教授也向科技大学赠送了礼物——18本供少年班学生们阅读的科技书籍。

随后，少年班的老师走进来和李政道座谈。

"少年班学生收进学校时，数学能力强，年纪小，观察得准一些。那么，从进来之后与你们期望相比，是高呢？还是低呢？还是差不多呢？他们的语文能力怎么样？他们应当学好语文，语文很重要，牵涉到看书、表达能力等许多方面。"李政道关切地询问在座的各位教师。

"语文水平总的来讲比较差，也有好的。最近我们还让他们模拟地参加了安徽省的数学竞赛。第一名在我们这里。当然，他们是不算名次的。"少年班的数学教师史济怀回答说。

李政道听了，不以为然。他说："考试并不是好办法。看来这些孩子大多数天赋比较好，不要限制他们的发展方向，要让他们自己发展。"

沉吟片刻，他接着说："考试考得好不好，只是一个技术问题。反应快的人可能考得好一点，但是反应快并不是决定性的。最重要的是会不会自己提出正确的问题。现在是他们问老师，将来要自己问自己，自己来解答。所以只是训练考试，最多训练一个反应快，会计算的能力，时间上会短一些，然而这些都不是决定性的。"

在这次座谈中，李政道以他在美国从事科研和教学工作数十年的丰富阅历和经验，提出了治学、育人的精辟见解。他说："我们一定要培养学生的好奇心，要让他们敢于提出问题。开头可以是先回答别人的问题，然后就要自己问、自己答了。考试成绩好，固然必要。但那只是在回答别人提出的问题，不能自己不会提问题，也回答不了问题。所以好奇心很重要，好奇，才能敢问。不要给他们限定什么框框，他们将来也不一定就是搞数学，不一定就是搞物理，把面弄死了，就不能自主发展了。"

李政道还关切地询问了少年班的孩子们每天学习和休息的时间是如何安排的，看的书杂不杂，等等。他询问在座的老师们说："他们在一些观念问题上，有没有提出疑问？比如，牛顿力学，有没有问老师为什么要学它？为什么它不可能是不对的呢？"

在座的教师们对他说，类似问题孩子们还很少提起。

"这很重要。"他听了有些遗憾，说："假使在年轻的时候不问这种问题，将来年纪大了，更不会再问这种问题了。听老师讲牛顿力学，为什么是对的呢？根据是什么？在十几岁的年纪就应该培养怀疑求真理的态度，否则将来很难做出第一流的工作。即使有一些成果，最多也只能是第二流的。其实，老师也应该鼓励学生发疑问。学生敢问，对老师是有帮助的。如果你连一个孩子都说服不了，那怎么能真正教导他们呢？"

李政道说："有时遇到物理上的问题，一般不要先用数学解释。第一步应当是简单地解决观念问题；第二步才是精密计算。我是专搞理论物理的，数学是一个极有用和不可脱离的工具，可是如果对某个物理问题在观念上有问题，那么，很可能计算的方向根本是错的；所以计算就是次要的了。数学强的人，喜欢运算，常常以为什么问题就是一个计算，觉得唯有运算才具体，观念反而是虚的，这是不正确的态度。注重物理的基本观念，一定要从小培养。例如，爱因斯坦的那三篇著名论文中，就一点复杂的运算也没有，主要是问了几个基本性的问题，问了几个前人没有问过的问题。然后，用最简单的方法，自己在这三篇论文中回答了这些问题。"

李政道教授说，往往因为运算经验的丰富与日地俱增，因此年纪大的物理学家往往习惯于运算，遇到问题常常是拿起笔来就算，而年轻人就不一样，没有成见，敢于提问。

他说："就是要敢问。常常是在年轻的时候，有勇气敢去问。为什么理论物理领域里，做出贡献的大都是年轻人呢？就是他们敢于怀疑，敢问。年老的人，运算成熟，他们的程序可能编得很好，可是很难做出第一流革命性的工作，假使没有怀疑，没有提出基本性的问题，当然不会去问这些问题。"

李政道越说越兴奋，他一面打手势，一面说，举一个例子来说，比如坐标问题，可以做一个最简单的实验。这是哈佛大学物理教授玻赛尔（Purcell

的实验，用电影表演：两个人对坐在桌子的两边，第一幕的电影仅看到桌面，桌子上没有摩擦，一个人把一个小球向对面那个人一推，只见这个小球没有碰到任何人和物，自动转了一圈又回到了第一个人的手中，这是怎么回事？电影的第二幕中，可以看到桌子的周围，原来桌子下面有个能旋转的装置，这个小球在桌面上只是做了极简单的直线运动。因为桌面又同时在转动，在桌面上看的是小球相对桌面的运动，所以小球转了一圈又回来了。只从桌面上来看，很难猜出其所以然，不好理解了。这是一个坐标问题，而每个人的基本观念的出发点，就好比坐标，在一个出发点不可理解的问题，换了一个出发点，很可能会迎刃而解的。

　　会见中，李政道反复举例侃侃而谈，无非是想强调从小培养孩子敢于怀疑的重要性。他说："在电磁学中，贡献最大的有三个人：安培、法拉第、麦克斯韦。他们最重要的贡献，是使电能转变成磁能——"，谈到这里，他忽然转身问身旁的秦惠䇹说："我们的孩子念小学时，几年级？"

　　"大概是三年级。不，四年级的时候。"秦惠䇹回答说。

　　"在小学四年级的时候，他回家说，电能可能转变成磁能，磁能可能转变成电能。我就问他：'这是为什么？'他告诉我，学校老师给他们做的实验：老师只给他们拿来1段导线、1节电池、1个小电珠、1个指南针、1块大磁铁。用导线连接电池和小电球，小电珠亮了，这就叫电能。用大磁铁在指南针前面摆动，指南针也摆动，这就叫磁能。然后不用小电珠，把指南针放在导线圈内，接通电池，没有大磁铁，指南针也会摆动，说明电能变成了磁能。再用导线和小电珠接起来，用大磁铁在导线圈内，上下来回地摆动，没有电池，小电珠就会发亮，说明磁能变成了电能。这样的实验很好，一下子就把电能变成磁能，磁能变成电能的道理，给孩子们讲清楚了，解决了观念问题，至于把大磁铁动得多快，发多少电，电珠有多亮，这才是计算的问题。"

　　然后，李政道又对那位数学教员说："少年班这些孩子们数学很强，学数学可能很有兴趣，但是，物理学的观念问题很重要，我们一定要用最简单的方法，来表演那些深奥的知识，帮助孩子们解决观念问题。表演的工具越简单越好。"

"工具越少越好，道理讲得越清楚越好。"在座的钱临照教授笑着插话。

李政道听了，点头表示赞成。他说："对，越少越好。就是在大学里，大学生做实验也是如此，越简单越好。要做得明明白白。不要搞高级仪器，因为高级仪器，内件复杂，常放在1个装饰美观的实验箱里，一下子得出结果，人家知道你那箱子里藏的是什么东西？还以为你是在变魔术呢！一打开，也许里面有个小人！"他打着手势说，大家听了都笑起来。

"现在，生活越来越复杂，尤其是已发展国家，用的科学成品很多，养成很多人习惯越来越只是接受高级的现成的商品，忽视了基础科学，而不问这些成品是怎么来的。我们现在就应当做好让年轻的同学们先问一问'怎么来的'这个工作，将来再做高深复杂的工作。首先是学习概念，其次才是计算。也就是说，先要明白公式是怎么来的，再用公式去计算。"讲到这里，他喝了一口茶，又十分关切地问道：

"少年班同学的动手能力怎么样？"在座的人回答了他的提问后，他说："过去，我们对动手能力重视不够，第一应当让他们有动手的条件，满足他们这方面的要求，培养他们动手的能力。这不一定是限于学校教育，在家庭，在成长中就需要培养。在美国，很多家庭里都有较简单的工具，比如一些小车床、小钻床、锯子、刀子等，孩子们在家里就可以做一些小东西，养成动手的习惯。这样将来就会占一些便宜了。我是搞高能物理的，可以搞点设计。但是，要动手做起来，就感到不那么容易了。这是因为没有从小动手的习惯。我们中国到国外学习的，学数学的多，学理论物理的也多，学实验物理的，像吴健雄、丁肇中、袁家骝，人数是不多的。"

李政道认为，孩子们看书的面很重要，他主张"要广看"。

"年轻的时候，应该对什么有理的东西都感兴趣，要敢于提问题。老是看业务书，太枯燥了。也不能持久。看书不要限于科技书，还可以看文艺小说，《水浒传》《三国演义》都可以看。还有狄更斯、大仲马的作品，都可以看。美国科普作家阿西莫夫的作品，科学电影《2001年》，都很好看。这样对他们有好处。我从小就喜欢看书，杂得很，什么书都看。"

"好，感谢您的帮助。"钱临照说。这时，10位少年班的同学代表走了进来。李政道看见这些生气勃勃的、腼腆的孩子们，非常高兴。他从座位上站起来，迎上去和孩子们一一握手。

随后，他把从美国带来的书送给了孩子们。他说："带给你们的这些书，将来你们学好了英文，就可以看了。"

"你几岁了？"

李政道教授笑着问一位名叫谢彦波的同学。

"快满13周岁了。"

"哪里人？"

"湖南长沙人。"

"好，我问你们一个问题。有5只猴子，分1堆桃子，可是，怎么分也平分不了，于是，大家同意先去睡觉，明天再说。夜里，1只猴子偷偷起来，把1个桃子扔到山下以后，留下来的正好可以分成5份，它就把自己的1份收藏起来，又睡觉去了。第2只猴子起来，也扔了1个，留下的桃数又刚可以分成5份，也把自己的那1份收了起来。第3、第4、第5只猴子都是这样干的，把桃子扔了1个，也刚好分成5份。问：开始的时候，一共有多少个桃子？"

孩子们听了，低下头紧张地思索着。李政道教授诡秘地笑了笑，对大家说："这个问题不要你们现在回答，你们可以考虑考虑，有一个很巧妙的解法，是狄拉克（量子力学的创立者之一）想出来的。他的第一步回答是'负4'个桃子。从'负4'个桃子，扔出一个成'负5'个桃子，藏去1/5又归回为'负4'个桃子，如此循环。狄拉克第二步就说：这个问题的普遍性解是'N乘5^5减4'，N系任何整数，你们可以想一下为什么这是对的。"

一直在一旁谛听的秦惠䇹，这时突然插话说："他问你们一个问题，你们也问他一个问题！"大家听了，笑起来。

随后，李政道拿起1本书，继续说："这本书叫《1、2、3…无穷大》，中译本的书名叫《从1到无穷大》。里面讲了一个故事，传说印度的舍罕王赏赐给他的大臣麦子，他的大臣要求第一个棋格中放 1 粒麦子，第二个棋格加倍放 2 粒麦子，第三个棋格又加倍放 4 粒麦子，第 4 个棋格又加倍放 8 粒麦子……结果，舍罕王发现就是把全印度的粮食都拿出来，也无法装满 64 格的棋盘。"

说完，他又拿起来 1 本书说："这本书里有个故事说，一对孪生兄弟，哥哥去旅行，以接近光速的速度飞出去了。过了两年哥哥回来，发现弟弟早已死了，迎接他的是他弟弟的 18 代孙子，这是怎么回事？"他翻开了一下名册，突然喊道："周曙东！"

那个名叫周曙东的同学应声站了起来，回答说："这是相对论的道理。"

"相对吗？一点也不相对。一个才两年，一个都 18 代了，是绝对的呀！"

"这里有位同学可以回答！"秦惠䇹说。李政道立即转身听一位名叫张宝国的同学说："是以光速前进的吧！"

"是的。接近光速。"李政道说。他说，因为哥哥是在以接近光速的速度向前运动，所以他的时间就缩短了。

"那么，飞船上的人，看地球上的人，相对于他自己，也在以接近光速的速度向相反的方向运动？"李政道的话音刚落，另一位同学又举起手回答说："这是两个不同的参照系，一个是惯性系，一个是非惯性系，运动还是加速的。"

"你又怎么知道哪个是惯性系，哪个是非惯性系呢？是不是活着的就是非惯性系呢？好，好，你说得有点道理。一个是惯性系，一个是非惯性系，兄弟俩差别还是绝对的，因为最后他们俩又碰上了。寿命不一样，这是绝对的。这一点，可以在实验室通过实验来证实。介子是有固定寿命分布的，而且比人的寿命分布要准确得多，我们通过实验，可以发现，因在轨道上做高速运动的介子，和在圆轨道上低速运动的介子，寿命就不一样。这件事看起来神奇一点，在粒子世界里，都是有实验证明的事实。你们还有什么要问的？"

李政道见孩子们仍以期待的目光注视着他，于是，他又兴致勃勃地说："再问一个问题：人跟猴子有什么根本的区别，除了外表之外？"

一位同学说，人可以有意识地进行劳动。

"什么叫有意识？"李政道笑着问。

"人可以使用工具。"

"猴子也可以使用一些最简单的工具。"

"人可以改造自然。"

"谁还可以回答，答错了也没有关系。"李政道鼓励孩子们说。

"我看最大的区别是：人的知识是一代一代地累积起来增加的。可以积累前人的知识。你们年纪这么小，就可以读相对论了。这是前人留给你们的知识。而动物的每一代只能通过细胞来进行遗传，它们的个体，每一代都是从头学起；而人类则可以借助于文字、书籍来积累知识，对吗？人类发展已经有多少年了？谁知道？人类发展至今大约有200万年了，发展最快的是近四五千年，这四五千年之所以发展快，是由于文字的发明，就好像$2 \times 2 \times 2 \cdots$，是以指数上升的，因为我们把前人的知识掌握了，接受下来了，才有可能有新的发明创造。

还有一本讲蜜蜂的书，是方弗里许（现多译为弗里希）写的。他一生研究蜜蜂，他发现蜜蜂找到蜜源之后，就飞回蜂巢，画圆圈跳舞，在圆圈上再画一条直径，直径的方向就是蜜源的方向。圈数的多少与蜜源的距离有关。你们猜猜看，是不是距离蜜源越远，画的圈数就越多？"

"是的！"同学们齐声答道。

"不是。恰恰相反。假如像你们那样猜想的话，蜜蜂还不转圈转得累死了！研究结果表明，距离有一个上限，超过这个限度，蜜蜂就只画一个圈。因为太远了，量不准了，就画一圈算了。距离近的，在限度之内的，画的圈数多少，能较准确地表示距离的远近。越近，圈数越多，表达的距离也越正确。另外，还发现，蜜蜂进巢以后，路程弯弯曲曲，蜜源方向还能对准。方弗里许发现，把蜂箱转个角度，蜜蜂还是能记住方向，蜜源方向还是对得准。后来，发现蜜蜂的眼睛能感受偏振光，如果用偏振光片挡在蜂巢前，蜜蜂就画不准蜜源的方向了。这本书就是《会跳舞的蜜蜂》。还有一本叫《原子在我家中》，是费米夫人写的，也很好。"

在会见中，李政道教授还对孩子们说："一个人在年轻的时候，做两件事特别容易：一是学习讲外语，二是吸收知识。人体内的细胞，大部分是可以换的，旧的死了，又生出新的来。而大脑的脑细胞和舌头的舌细胞是终生的，不可以换的。年轻的时候，脑细胞是多少就是多少，永远不再增加和更换。人长大了，可能'程序'编得好一点，但是'零件'是换不了的。人在年轻的时候，脑细胞、'零件'的效率最高。"

讲到这里，李政道教授以殷切期望的目光，望着在座的一个个充满稚气、青春焕发的孩子们，鼓励他们说："遇到问题，要敢于问一个为什么？然后，从简单的方面去找答案。错了，也没有关系，不要怕错，错了，马上就改。可怕的倒是提不出问题，迈不出第一步。你们要敢于提出问题，要求老师给你们证明。"

然后，他再次给孩子们讲了电能、磁能转换的例子，叮嘱说："物理学是一门实验科学，一定要重视实验，弄清楚基础，只有到要精密研究了才去计算。"

为了使孩子们便于理解，他又不厌其烦地给大家讲了个故事。他说："就说电磁转换的安培定律和法拉第定律的发现吧，就是从实验得来的。当时，安培在法国已经发现了电能可以转变成磁能，他因此想到磁能也有转变为电能的可能。可是，法国没有大磁铁。于是，安培就乘坐马车到瑞士去买。在回国的路上，马车翻车了，安培自己受了伤，磁铁也摔坏了。安培回国之后，没有做实验，就在理论上做了推导，得出了一个错误的公式。后来，英国的法拉第独立做了这个实验，证明了磁能确实可以变成电能。但是。细节与安培的理论不符合。结果，英、法两国为了发明权和谁对谁错的问题争执起来。大科学家安培亲自写信给法拉第，承认法拉第的发明权和正确性。这个故事说明实验的重要。数学、计算是可以帮助我们分析事物的。但是，物理学离不开实验，一定要动手，光凭脑子是不行的。"

会见结束了，师生们怀着"听君一席话，胜读十年书"的依依惜别的心情站起来，请李政道教授为少年班题词。他欣然拿起笔来写了八个大字："青出于蓝，后继有人。"

尔后，他走进少年班的教室，和全体同学见面。同学们以极其热烈的掌声，欢迎这位前辈师长的光临。

"同学们好！"李政道教授笑容满面地登上讲台说。

"您好！"孩子们齐声答道。

"同学们有什么问题？你们最喜欢什么功课呀？"

一阵争先恐后的回答之后，李政道又说："喜欢数学的请举手！"

"喜欢物理的请举手！"这时，举手的学生很多。

"好，如果你们对物理感兴趣的话，你们首先要对实验感兴趣。因为，物理是一门实验科学。19 世纪的麦克斯韦、20 世纪的费米，对实验都很感兴趣。"李政道说。

"对数学有没有兴趣？知道微积分是谁发明的吗？是牛顿、莱布尼兹。"

李政道教授笑吟吟地望着课堂上一张张稚嫩的、专注的面孔，又说："我们中国古代的数学是很进步的。你们知道八卦和《易经》吗？"随后，他在黑板上书写了八卦。

"八卦，就是 8×8 阶的矩阵。关于从 0 到 9 的 10 进位数，与人的手指是 10 个有关。中国人很早就是十进位数，也会二进位记数。八卦就是二进位，已经有 3 000 年的历史了。中国古代十进位记数比罗马记数法要简单得多。不过，几何中国虽有，但主要定理证明是从外国传来的，代数在中国比较发达。所以，周朝的《易经》，既有文学价值，又有数学价值。李约瑟的《中国古代科学技术史》你们看过没有？上面有许多记载。

"公元 1054 年，一颗超新星的爆炸，也是中国人首先发现并记录下来的。你们知道不知道？宋史上就有这个记载。中国的科学技术，在很早以前就为人类做出了杰出的贡献。希望同学们继承它，发扬它。"

这次会见使少年班的同学们从中汲取了巨大的精神力量，他们将永远铭记这位前辈师长的教导,继承和发扬中国科学技术的优良传统。①

在这次去合肥中国科技大学少年班的路上,李政道教授对陪同人员说:"1974年回来的时候,我给毛主席、周总理建议,科技人员也要从青少年培养起。为什么提这个建议?回来以后,我看到由于'四人帮'的干扰,许多青少年不读书,学校也停办了,许多青少年被埋没了。对这件事,我想了很久,我想有什么办法能使青少年们回到课堂上呢?想来想去,就提出了这么个建议:既然运动员和芭蕾舞演员能从小培养起,科技人员也应该从小培养起。毛主席、周总理都同意这个建议。"

李政道说:"现在,'四人帮'粉碎了,埋没人才的现象不存在了。"因此,1979年春天,他在中国讲学期间,除在课堂内外与各大学和研究机构的人们交谈外,还专程到安徽合肥看望了科技大学少年班的孩子们。

这年,李政道一到北京,就给科技大学和中国科学院的负责人拿出了一张日程表。从4月2日到5月15日,他把日程安排得满满的。谈起自己为什么一定要去合肥看望少年班的孩子们时,他非常认真地说:"我得对这件事负责,我对周总理讲过,科技人员应该从青少年培养起。当然,这件事办起来也可能不是因为我提了建议的原因,但是,我有责任去看一看。"

李政道教授认为,对青少年的教育,应当形象、生动、具体。要启发孩子们从小爱科学。

在谈话中,李政道教授还表示,他喜欢研究工作深入到粒子物理学中去,深入到最激烈、最尖锐的矛盾中去。他很喜欢从事这类的研究工作。

有一次,有人问李政道:"为什么有许多理论物理学家,最后竟然走上了自杀的道路?"

"那是因为搞理论物理的人,工作非常紧张,生活中如果遇到挫折、打击,就应付不过来。"李政道还打了个比喻:"就像运动员比赛时一样,非常紧张。"

---

① 作者根据陪同人员现场记录整理摘要。后经李政道教授审阅修改。

李政道教授历来主张：一名科学家的思路要宽。

讲学期间，李政道对人们说，他刚到美国时，外国人都说中国的历史光荣。除物理外，他也很喜欢研究中国历史。人们说，李政道教授对中国各个朝代的出土文物鉴赏力很强。这一年，在去中国科技大学少年班的途中，他曾到天津、济南、合肥的博物馆里驻足参观和游览。他能非常准确地说出，哪些出土文物是哪个朝代的，哪些绘画是哪个画派的。参观时，他不看说明就能讲出来。有时，讲解员讲得不对，他都会帮助纠正过来。

李政道说："一个科学家，一个人的思路，假使你只知道你搞的这一门，入迷、有兴趣，会坚持到底。假如一生都是这样，你对其他的事情一概无知，思路怎么开阔？一时入迷是可以的，如果其他事情都不懂，不可能把本门学科也搞到底，因为许多东西都是互相启发的。"

一天，一位研究生问秦惠䇹："李教授是否只对物理感兴趣？对其他事情都不感兴趣？"

李政道听了，笑了。他说："我喜欢历史、文物。"

讲学期间，有的研究生问李政道：

"你平时是不是也是清晨三四点钟就起床念书？"

"大概也是这样。这对我来说，已经变成一种生活方式。已经变成下意识的事情。"

"你已经是世界有名的大科学家，为什么还这样刻苦，每天凌晨3点钟就起床备课？"

李政道回答说，自己并没有苦的感觉："这么多人来听课，这是很不简单的。大家都被中国要实现四个现代化推动起来了，这在几年前是绝不可能的！"

研究生问他研究物理学的目的时，他说："自然界最复杂的东西，往往原理都是最简单的。念物理的目的，就是把这些原理找出来。虽然我们不能穷尽所有的原理，但是研究每前进一步，总是近似一些。人类就是这样一代一代逐渐认识自然界的。"

"你是怎样攀上物理学的高峰的?"

李政道教授回答说:"凡是一件事情要做得好,在做的时候,就要步步做好,念书时要把书念好,做实验时要把实验做好。在做以前可能想到工作的意义。但是,做起来以后,就要全力去做好它。就像打球一样,投球时想的是如何把球投中,不能在这时还想到,这样做是在替国家争光荣。总之,凡事首先要合理,不合理不对,也不近人情。"

1979年5月12日下午,李政道教授和夫人秦惠䇹到中国科技大学研究生院参观,并会见了全体研究生。

他来到这所学校的活动木板房办公室和学生宿舍参观访问。说:"这房子最像我们昆明西南联大的房子了。我是1946年离开西南联大的,当时的物质条件很差。仪器设备几乎是零。那时,我们从来就没有因为仪器少,设备不好,就感到比别人差。杨振宁、朱光亚、唐敖庆和我,等等,都是在那时培养出来的。重要的是人,不是物质条件。仪器设备都是人造的。只要大家肯学习,把基础打好,把人培养出来,就可以创造一切。"

李政道教授强调说:"学习,最重要的是自信心。中国在18世纪以前,在科学上一直走在世界前列,只是到了清代中期以后才下降了。现在,中国科学院把全国这么多优秀的人才集中起来,你们的前途是无量的。"

在谈到研究生是否要上基础课时,李政道教授说:"我也可能是受哥伦比亚大学的影响较大,我主张研究生第一、二年,一定要打好严格的基础,要上课。不要急于一下子做论文,不然,以后学的机会就少了。"

他说:"现在的研究生,更需要补一些大学的基础课,到1982年以后,就要开一些相当高的基础课。"

谈到研究生课程的多少时,李政道反对给学生们开几十种课,他说:"我们主张讲最基本的东西。学习,就要从基本的地方着手,最基本、最重要的东西,往往是最简单的。"

在场的研究生们热切地希望李政道教授能谈谈学习的方法问题,他说:"学习一定要把学的东西变成自己的,否则,学的知识是没有用的。看了书以后，自己要从书里走出来。走不下去了，再打开书看看，想想。为什么他可以走，而你走不通呢？这样，就掌握住了自己的弱点，吸收人家的优点。"

谈到这里，他讲了个生动的例子："比如我，到北京快两个月了。每天早晨坐汽车从北京饭店到友谊宾馆，去科学会堂，可是到现在，如果让我自己走的话，还是不行。另外，你不管到什么城市，光看地图也不行。你可以把地图背出来，但你对这个城市一点概念也没有。因为你没有走过。这城市绝不会像地图上画的那样是个死的东西。即使概念是很熟的，那也必须要自己走。走了以后，就把一些事物校正过来了。"

他强调说："学习，就是要不怕犯错误，敢于走路。我们有时讲笑话，假如你把所有的错误都犯了以后，最后的结果当然是对的。"

最后，同学们希望李政道能谈谈他是怎样学习的？他说，他是从事理论物理研究的，但他十分重视实验。"实验是基础，理论是总结。没有实验，就没有物理。"他主张年轻人的知识面要广一些。他说："我是学物理的，不过，我并不光看物理书，我还喜欢看一些杂七杂八的书。我认为，一个人在年轻的时候，杂七杂八的书多看一些，头脑就能比较活跃。人的脑子胜于计算机。计算机的程序，要么不错，要错就大错。而人的脑子可以同时考虑许多问题，人的脑子构造比计算机复杂。"李政道教授认为，只有思想活跃，头脑复杂，敢于想问题，提问题，才能做出创造性的工作。

会见结束时，他对研究生们说："祝你们成功！"他更热切地祝愿中国的现代化成功。①

---

① 作者根据现场采访以及请在场的陪同人员回忆、访谈整理。

3. 对撞之歌

> 挑选高能物理实验人才，最重要的是头脑活、胆子大、肯动手、敢问、敢碰钉子。
>
> ——李政道《给张文裕教授的信》

1984年10月6日午夜12点钟，前来参加中美高能物理联合委员会的美方成员李政道，在北京忽然紧急约见北京正负电子对撞机工程领导小组的负责人谷羽。

"李先生深夜造访，什么事呢？"谷羽纳闷地心想。

见面以后，李政道十分激动地对她说："明天，北京正负电子对撞机就要动工兴建了。这是多年来炎黄子孙梦寐以求的大事。我虽然是美方成员，但是，明天我要作为中华民族的一员，向邓（小平）主任汇报！"

这一夜，李政道教授又为北京正负电子对撞机的建造工程度过了一个不眠之夜。①

为什么李政道教授对北京正负电子对撞机工程如此地难以割舍？在工程即将动工兴建之际，他为什么又如此动情地郑重提出了上述要求呢？说来真是话长。

在北京西郊的八宝山下，有一座占地近100亩，地上地下错落有序、由上万台件精密复杂的设备组成的尖端科学工程——北京正负电子对撞机工程（英文缩写为BEPC）。

建设这项举世瞩目的巨型科学工程的人们，在建成之后，曾建议树立一块黑色的大理石纪念碑。用金字镌刻上工程建设者的名字，以流传后世。然而，人们又一想，一块小小的纪念碑，怎能刻上两万多名建设者的名字呢？

---

① 谷羽访问谈话，中科院高能所，1985年12月20日。

我在多年的采访中，深深感到这是一首由千万人，尤其包括李政道教授那样的专家们用理想、信念、热血和汗水，谱写的震惊世界的民族争气之歌。思来想去，觉得还是应该从中国人酝酿建造加速器的历史写起。

人们说，提起北京正负电子对撞机，不能不谈李政道教授的巨大贡献。因为这是他从20世纪70年代初期到80年代末期，在长达15年的时间里，为之关注并倾注了大量心血的一项在中国前无古人的尖端科学工程。

从这项工程的历史进程看，如果不是他不遗余力地"摇旗呐喊"，不是他在大洋彼岸不懈地奔走呼号、真诚地费神协助，在短短几年间，是不可能建造成如此复杂的尖端科学工程的。

在叙述李政道和中国高能物理学的产生和发展的关系之前，首先有必要介绍一下什么是高能物理和高能加速器；世界各国关于这门学科的发展状况，以及中国人梦想建造加速器的历史。

三代人的梦想

高能加速器的问世，开创了粒子物理的新纪元。科学家们说："太阳的能量是很大的，但是，高能加速器可以产生相当于1万个太阳的单位能量。"

科学家们还说，在我们居住的地球上或是宇宙中，形形色色的物质都是由微小的原子组成的。在19世纪末以前，科学家们还没有打开原子的时候，人们误以为原子是不可分割的，永恒不变的物质的始元。1911年，英国科学家卢瑟福发现原子原来是由原子核和绕核旋转的电子组成的。1939年，科学家们再次发现原子核是由质子和中子组成的。以后又发现了许多种粒子，便把它们统称为基本粒子。基本粒子的种类很多，大致可以分为：光子、万有引力子、轻子（包括中微子）、正负电子、μ介子（介子等）。

在这之后很长的一段时间里，人们又认为基本粒子是组成物质的始元。随着科学技术的进步，许多实验证明，基本粒子尤其是强子（即强相互作用的粒子），也是有其内部结构的。也就是说，基本粒子并不基本。1963年，科学家们提出了"夸克模型"，认为基本粒子中的强子，是由更基础的夸克构成的。至于夸克能不能再分？也许还能再分，但是，必须等弄清了夸克这个层次再说。

高能物理学就是为揭示物质"基元"而发展起来的学科。随着技术的进步，对物质结构研究的越来越深入，探索到粒子越来越精细的结构，使得科学家们用来研究粒子结构的设备——高能加速器，也越来越庞大，越来越复杂和精密。

关于高能加速器的由来，可以追溯到久远的年代，意大利著名科学家伽利略从比萨斜塔上丢下两个大小不同的物体，证实了重力加速度是一个常数，可以说，这就是那个时候的"直线加速器"吧！到19世纪末期，X光的发现，也可以相对地说，就是当时的高能物理研究。20世纪30年代，中子的发现以及后来越来越多新粒子的发现，高能物理研究的规模越来越大，涉及的学科越来越多，对仪器精密度的要求也越来越高，因为它探索的粒子越来越小，而且有各种不同的特点。①

1953年，自美国哥伦比亚大学的科学家们研制出世界第一台高能加速器之后，在美国的东海岸和西海岸，相继出现了五大加速器中心：芝加哥郊区巴塔维亚原野上的费米实验室，以及这个实验室拥有的5 000亿电子伏特的质子同步加速器，旧金山的斯坦福电子直线加速器中心，阿贡实验室的极化质子束加速器，劳伦斯—伯克利实验室的直线回旋重离子加速器，以及坐落在纽约长岛的布鲁克海文实验室及其4 000亿电子伏特的质子对撞机。

正因为对撞机具有如此巨大的作用，中国的科学家们面对欧美各国高能物理群雄并起的局面，也决心为祖国建造自己的对撞机。为了它，几代科学家耗尽了心血。至今，国际物理学界对20世纪50年代初发生的那几件事仍然记忆犹新。

1950年，中国物理学家赵忠尧从美国归国途中，船到日本被传讯上岸，受到了监禁。在这之前，赵忠尧受国内有关部门的委托，采购了器材，准备回国后组装一台规模很小的高气压型静电加速器，目的是想在国内建立起核科学的实验基础。他当时的想法是："一个人在国外做出成绩，只能给自己带

---

① 摘自《高能物理》1982年第2期。

来荣誉,要提高整个中华民族的科学文化水平,实现国家富强,还得回国身体力行。如果国内有了加速器,不但可以开展核科学研究,而且可以培养人才。"经过几年的奔波,在美国一些大学和工厂的支持下,他完成了器材订购和实习工作,便从旧金山乘坐"威尔逊号"轮船踏上了归途。他在太平洋上漂泊了两个星期之后,轮船在日本的横滨港靠岸。

"你叫赵忠尧吗?"美国驻军派人到船上来查问。

"是的。"荷枪实弹的美国军人突然出现在面前,赵忠尧憨厚的脸上荡起了惊异的神情。

"跟我们上岸,你被捕了!"

"为什么逮捕我?!"

"因为你携带着'原子秘密'回共产党中国!"

"我抗议!"这位从未做过违反别国利益和法律的事的正直诚实的学者无论怎样抗争,还是被哐啷一声戴上手铐,投进了日本的巢鸭监狱。

当时,就在距离日本海不远的朝鲜半岛,中国人民志愿军正在同美军交战,杜鲁门政府对投奔新中国的科学家怀有敌意,因此赵忠尧被以携带着"原子秘密"投奔共产党中国的罪名,被关进了监狱。

消息迅速传遍了全世界。刚刚诞生的新中国立即做出强烈反响,通过电台、报纸对这一强盗行径表示了抗议。

一年之后,年轻的加速器专家谢家麟又在旧金山登上了回国的轮船。不料,又被美国当局拦截回去了。谢家麟没有灰心,他留在美国,继续从事建造加速器的研究工作,他心想,反正所学的技术回国后也能用上。他参加研制出了世界第一台用于治癌的电子直线加速器。后来,经过中国政府的努力,谢家麟于1955年也终于回到了祖国。

其实,无论是赵忠尧还是谢家麟,他们当年带回来的几箱所谓"原子秘密",都只不过是用来制造低能加速器的少许简单零件而已。

这便是中国建造对撞机的起点。

20世纪50年代以后兴起的这种研究原子核和基本粒子的科学实验设备,

是一项十分复杂、艰巨，需要动员成百上千的工厂和大学、研究所共同努力才能完成的大科学。在废墟上诞生的新中国，百业待兴，科学技术落后，要建造由上万件极端精密的仪器、设备组成的大加速器，无论是赵忠尧、张文裕，还是谢家麟以及新中国培养的加速器专家方守贤等人，都只是个美好的梦想。

从20世纪50年代中期开始的10年间，中国政府每年不得不花费2 000万元人民币，派出以王淦昌和张文裕为首的专家组到苏联杜布纳联合核子研究所，用那里的一台中能加速器进行核物理研究。

进入20世纪60年代后，中国人即使再委曲求全地使用别人的加速器，亦是不可能了。1964年，我国科学家回国前夕，在莫斯科的中国大使馆向正在苏联访问的周恩来总理诉说了寄人篱下的苦楚。周总理听了，感慨地说："看来，在国内我们自己也必须搞高能物理这一门科学！"我国的科学家撤回来后，曾经在党中央领导的支持下，决心要在中国建造高能加速器，后因"文化大革命"才停了下来。

国内没有高能加速器，张文裕等人便历尽千辛万苦在云南的落雪山建起了宇宙线观测站。1972年，通过这套设备发现了一个质量可能是10倍于质子质量的重粒子。但是，它远不如通过高能加速器获得的数据准确，因此不能确定这个发现是否属实。

周总理很重视这个发现，亲自过问了七八次。这一年，李政道教授从美国来访，周总理就这个发现听取他的意见时，李政道建议中国建造一台小型的正负电子对撞机。他说："这样做，花钱不多，还可以做第一流的研究工作。"周总理和中国科学家们对此表示热烈赞同。这年秋天，中国科学院高能物理研究所的18位科学家联名给周总理写了一封信，建议中国建造一台高能加速器，周总理回信说："这件事不能再延迟了。科学院必须把基础科学和理论研究抓起来。高能物理研究和高能加速器的预制研究，应该成为科学院要抓的主要项目之一。"

然而，要实现这个理想又谈何容易！首先"四人帮"就极力反对，说什么"中国人连肚子都填不饱,还搞什么高能加速器";说发展高能物理、建造高能加速器是"不积粮、不挖洞、只称霸",还说什么"建不成就是一堆废铜烂铁"!

在周总理的主持下,张文裕等人排除困难,领导着一大批科学家着手进行中国第一台高能加速器的预制研究。他们虽然很努力,但是由于缺乏经验,再加上"四人帮"从中作梗,各方面工作难以协调,预制研究几乎没有进展。

1973年10月13日,周总理在接见吴健雄和袁家骝时,问张文裕说:"高能加速器的预制研究工作进展得怎么样了?"

"不怎么样,很缓慢。"

"第四个五年计划只剩下两年了,这怎么行呢?"临走,又再三叮嘱在场的中国科学院副院长吴有训和高能所所长张文裕等人一定要排除干扰,尽快把高能加速器的预研方案制定出来。

周总理的期望、关怀,使科学家们十分感动,经过反复磋商和研究,在余秋里同志主持下,国家计委于1975年3月正式向党中央提出了《关于高能加速器预制研究和建造问题的报告》。

当时主持中央工作的邓小平同志同意了这个报告并转送周总理批示。身患重病的周总理在医院里亲自审阅、批准了这个报告,这就是"七五·三"工程。张文裕等人向参加工作的全体科学家传达周总理在病中的批示时,大家都哭了:"这恐怕是周总理对中国高能物理事业最后一次操心了。就是有天大的困难,我们也要干!"这就是当时科学家们的心声。

然而,事情仍然很不顺利。有人把建造高能加速器,比喻为修筑万里长城,其实从某种意义上说,它比修长城还要难几倍,它需要千百万训练有素的科技尖兵协同动作,步调一致才能成功。然而,十年动乱一波未平一波又起,祸国殃民的"四人帮"搞得什么事情也干不成。尽管科学家们设计了一箱又一箱的图纸,到头来都还只是纸上的东西。

眼看着壮志未酬人已老,谢家麟心灰意冷地说:"我好比一盏快要熄灭的灯,剩下的灯油已经不多了!"

就这样，中国第一台高能加速器经历了"六上六下"的艰难历程。几代中国人的心愿，始终未能实现。

巨大的转折

粉碎"四人帮"，特别是十一届三中全会之后，建造高能加速器的事业才走上了光明的坦途。在全国科学大会上，党中央和国务院宣布：计划建造一台500亿电子伏特的质子同步加速器。1979年初，邓小平访问美国期间，在邓小平和卡特总统主持下，当时的国家科委主任方毅和美国能源部部长施莱辛格，签署了中美科技合作协议的第一个执行协议——中美高能物理合作执行协议。为我国高能加速器的建设打开了"开放"的大门。

但是，世上没有不出现曲折的成功路。1981年国家经济调整时，还未起步的加速器又宣布下马了。

这时，中国究竟该不该、能不能建造高能加速器的问题，在国内和国外引起了很大争论。持反对意见者认为，造加速器是科学技术发达国家的事，中国人目前还不具备造加速器的能力，等等。

邓小平同志高瞻远瞩，他在听取了各方面的意见之后，当机立断，说："我相信这件事不会错！"

奔走在大洋彼岸

自从中国开始酝酿建造高能加速器以来，远在大洋彼岸的李政道教授就关注着这件事。1976年，他通过美国斯坦福直线加速器中心（SLAC），给中国科学家们寄来了成套的关于电子对撞机及有关同步辐射的资料。

1977年，李政道回国时建议中国造一台规模较小的、二三十亿电子伏特的正负电子对撞机。他说："这种对撞机虽然能量不高，但是，有许多基础物理实验可以解决。同时，还可以产生同步辐射，有极为广泛的应用前途。"

1977年年底，吴健雄和袁家骝教授给国内写了一份关于建造质子加速器的建议，请李政道联名参加，他也欣然同意。李政道还写了一份附录，是关于电子加速器的，其中强调了质子与电子的区别。他说："质子是能量越高越好，电子则不同，重要的不是能量的高低，而是能量的位置；小型电子加速器有它特殊的价值。"1978 年，中国决定建造大的质子加速器，虽然与李政道的建议不同，李政道还是尊重国家的决定，继续积极支持中国加速器的建造，并且做了大量的工作。

1979 年年初，邓小平应美国总统卡特的邀请，率中国政府代表团访向美国之后，中美两国在高能物理领域里开始进行合作。作为一位华裔科学家，李政道感到无比欢欣，他随即自告奋勇地积极承担起了为中国训练高能物理人才的组织和联络工作。仅在 1979 年 1 月份的 1 个月内，他就接连写了好几封信，给中国科学院高能物理研究所当时的负责人张文裕教授。

为了在加速器建成之前，培养出高水平的高能实验物理学者。他在美国边做这方面的调查研究，边向国内有关的负责人介绍情况、提建议。1979 年 1 月 8 日，他在写给张文裕的信中说："做科学研究工作，不但是需要知道目前已有的先进科技方法，更重要的是能确切了解哪些是他人还不清楚的，还有严重问题的，向还没有开辟的领域进军，才能创造新天地。

"要不仅能掌握各方面先进学术上的成就，更应能正确知道所谓专家和权威们的短处。前者需要有广面的交流和经验，后者更需要深入地观察和判断。"

他在信中还说："在讨论培养高能实验物理学者的方法之前，先简单地谈一下关于高能物理实验的一些实际情况：尤其是在美国，绝大部分的高能物理实验，由在大学的物理学家领导下进行的，虽然这些实验所执行的，可能是实验的初步计划，局部的准备工作，和最后物理上的分析工作，常是在学校中进行的。当然也有些少数的高能物理实验，是和大学间没有太密切的关系。这类实验的执行人员大多是由长期在实验室的物理学家组成的。"

他说："最近我做了一个调查，统计了所有在美国的高能物理所……已被核准在下一两年内执行的实验，重要的约 25 项，而其中几乎每一个项目的负责人都是各所大学的物理教授（其中有少数项目，主要负责人是实验室的物理学家，但是，负责人是大学物理教授）。

"在这样一种客观状况下,要培养中国的高能实验物理学家,可能宜采取下列两类相互为辅的方法:

"广泛地参加在国外各所大学有成绩、很活跃的高能实验组的工作。参加的个数宜多,但参加的每组人数不必多,仅一二位即可。因此,与外界的接触和交流易成为全面性,参加工作的时间宜较长,约两年左右,如此可以深入地观察判断。

"目前,我已与上述所有的20多个在美国布鲁克海文、费米和斯坦福直线加速器中心将有重要实验的大学物理组,做了初步的联系工作,他们的反响全是热烈的。

"此外,在各重要的高能物理实验中心,都有三五位中国物理学家长期驻任工作。虽然这几位物理学家和大学间没有直接的密切关系,但是他们可以一方面参加以实验室物理学家为主的实验;另一方面,也可以深入地观察每个实验室在其他方面的处理,和从实验室的观点看不同实验的过程。

"在这方面,我已和BNL[①]、Fermi Lab[②]和SLAC[③]的负责人,做了初步的询问,每一个实验所都表示欢迎三五位中国物理学家去长期工作。

"上述两项,如能完全实现,再加以推广至西欧,当可在较短时间培养出近百位一流的从事高能实验物理的工作者,这对中国将来高能物理的发展,恐怕是有需要的。"

李政道教授帮助中国发展高能物理科学,帮助培养这方面的科技人才,可以说是尽心竭力的。1979年的1月18日,他在从纽约哥伦比亚大学去旧金山的斯坦福直线加速器中心和去芝加哥附近的费米实验室的旅途中,还在思考着如何为中国培养这方面科技人才的问题。途中,他在给张文裕教授的信中写道:"挑选高能物理实验人才,最重要的是头脑活、胆子大、肯动手、敢问、敢碰钉子。"

---

① 指美国布鲁克海文实验室。
② 指美国费米实验室。
③ 指美国斯坦福直线加速器中心。

当时，中美两国还没有正式建立大使馆，他在信中还特别介绍了中国科技人员赴美办理签证的有关手续。

1979年的1月23日，他就中国出国的高能实验物理人选的问题，写来了补充意见。过了两天，他又给张文裕教授来信①：

文裕教授：

月初送上一信，讨论了如何培养高能实验物理学者的一些意见，想已收到。

随信又送上较完整的调查表和有关文件，很希望知道您的决定。……假使是都赞成的话，恐怕应争取时间，早日进行。

专此敬祝

健康

政道

1月25日

在那些日子里，为了使中国学者顺利成行，李政道自己花旅费，不辞辛苦地奔走在美国的东海岸和西海岸的各大加速器中心。

1979年春天，李政道来中国讲学。这年的4月15日，邓小平在北京人民大会堂新疆厅会见了他。谈话中，李政道再次阐述了培养人才的重要性。他说：

在搞四个现代化中，培养基础全面的人才是非常重要的。这次为了中国的高能物理实验，我从去年10月就考虑怎样为中国训练人才。如像邓副主席您所说的发展钢铁问题一样，训练人才也是要讲质量、要讲"精"。

---

① 摘自李政道致张文裕信。1979年1月8日、18日、23日。

我向美国三个高能物理实验中心，即东部的布鲁克海文实验室、中部的费米实验室、西部的斯坦福直线加速器中心这三个实验室了解情况，来这里做实验的多半是各大学的人员，我与这里的 27 位教授都联系了，问他们是否愿意接受中国物理学家来全面训练？能接受几位？结果，无一例外，27 位教授都愿意接受中国来人进行全面训练，也都表示每一处最好接受两名（这是平均数，有的一名、有的三名），人数不要多，一多就不能全面培训了。这 27 处，每处平均培训两名，就能派 54 名。这就是说，几乎在每个重要实验上都有两名中国人。在那里，他们可以受到全面的训练。培养基础人才，重要的是，不但要知道别人已知的；更重要的是要知道别人不知道的。在军队里如果只学打手枪，就不会培养出一个参谋长，必须训练出一组每人都能独当一面的人才。

这次为加速器我也做了同样的考虑，这种加速器如您在华盛顿①所见的那样，它既不能吃，价钱又很贵，为什么要搞它呢？有两个比较重要的原因。一是长期的原因，一是目前的。先就目前的原因来说，造加速器它要求最严，需要的技术最先进。普通工商业上用的设备，按处理问题的数量来说最多不超过世界人口的数量几十亿，但是高能粒子方面，在任意一个立方厘米物质中就有 10^{23} 原子，一个原子中又有很多核子，一个核子中又有很多粒子，所以研究粒子的设备要求非常严，比商业上用的要求高得多。如自动控制，电子计算机的设备 NIM、CAMAC 等都是在造加速器时发展出来的，现在已是世界各方面都通用的先进设备。所以说，高能物理推动了技术的发展。

这次经过联系后，他们同意每年全面培训 20 名中国自动控制和电子计算机方面的人才。六年就是 120 名。这是很不容易的机会，

---

① 指邓小平访美参观。

平时哪里能得到这样多的、全面的、这样高质量的培训机会？像 IBM 那是商业性的，他们培养人只是为了赚钱。有这次培训这么多的全面人才的机会，就一定要选派最好的人才去。

李政道还说：

要训练的人不一定全要来自高能所，也不一定学过后都全留下搞高能，如果训练出来的人有三分之二继续搞高能，另外的三分之一可能回到全国各地去，这样就可以把其他部门的水平提高。

培训这些人才的费用与购买这些设备的价钱是不能相比的，培养这样一个人，一年只要花 6 000 美元，比出国考察人员一个月的费用还要低。培训这一两百人的费用，与加速器的价格更不能相比，例如在美国造一个气泡室（Bubble Chamber）要 1 000 万美金，但训练一个人要便宜得多。

设备是死的，花了很多的钱买了计算机，但它不能拆开，也不能自己改进，但培养出来的人才就不同了，就可以提高它，发展它，有了人就可以考虑怎样使用它，就可以推进科技的发展，这些人才放到全国各地就会带动工业。譬如美国在（20 世纪）30 年代时，计算机很落后，也没有激光，第二次世界大战后，场论、量子力学大发展，在哥伦比亚大学发展了一批人才，他们推动了这些科学。又如超导，虽然很早知道这个现象，到 50 年代才对它有点了解。而现在对超导就有很大的发展，其中有一位古柏（Cooper）教授原是哥伦比亚大学得博士学位的学生，他的博士论文是粒子物理，但他对超导的发展做了很大的贡献。这说明，基础物理训练好了，就有可能全面发展，推动各个方面。所以派人出去是学全面？还是学局部？如果派出去学的都是一个枝节，那么后来阻力反而很大。

李政道还说:

> 一个实验做的人不要多,如果一处派去了几十个,就学不全面了。这就像到参谋总部去学习当参谋一样,不能一下子派几千人去参谋部学习,如果派这么多人去,就必然有许多要被派到外面去搞别的工作,就学不到全面。因为操纵全面的只不过是几个人而已。例如丁肇中先生组内也只有几个全面的人。因此,接受的人数不能比掌握全面的人数更多。所以每处派二三名,不是受物质上的限制,而是工作性质只能要求二三名。
>
> 派遣人员培训要看送去的地方是否对,送去的人是否好,这两条是关键。如果这两者都选对了,就能培养出全面的人才来,回来后,他们就是全面的人才。

1982年3月,当时的国务院领导同志在北京会见了李政道。李政道再次谈了发展高能物理的重要性:

> 1972年我和周总理谈过高能的重要性。对它的重要性,周总理很关心。1977年春回来,刚刚打倒"四人帮",大家很激动。我建议国内搞个小的正负电子对撞机,从经济考虑还不是主要的,主要是可做第一线的粒子实验,既可搞基础,又可搞应用,这很重要。就像解放后搞原子核物理,花很大力气,在60年代起了很大作用一样……1978年,中国要建大的质子加速器,与1977年我的建议不一样,但我在海外尽量支持。我一方面自己做实验,另一方面与美国所有最好的高能实验室联系,接受中国物理学家去学习、工作。从1979年开始,已有40多位去学习、工作,现在差不多都回来了。由我发起,联合(美国)五大实验室,设计并供给中国图纸,供给高能所的图纸已有几箱子……[①]

[①] 摘自赵紫阳会见李政道谈话记录。

经过李政道教授的精心组织和安排，中国大批高能物理学者先后顺利地到达美国。他们在美国东海岸和西海岸的各大加速器中心，开始了紧张的学习和工作。

1983年12月，中共中央书记处在一次会议上，决定在北京西郊八宝山一带建造一台能量为22亿电子伏特的正负电子对撞机，代号为"8312"工程，并且列为国家重点工程。

1984年5月，邓小平在北京再次会见了李政道。会见中，李政道谈了自1972年以来他为中国建造对撞机所做的种种努力。后来，国家决定工程上马了，他又及时地建议召开有关同步辐射的学术会议。

就在邓小平会见李政道半年以后，1984年10月7日，北京正负电子对撞机工程，在北京西郊八宝山下的中国科学院高能物理研究所正式破土动工。从这以后，李政道教授更是积极协助。在一次次中美高能物理会议期间，在中国，在美国，他始终关注着工程的每一步进展。

建造北京正负电子对撞机这样复杂的尖端科学设备，在中国还是第一次，在国际上也是个硬仗。工程开工以后，经过全国几十个单位、上千位工程技术人员的努力，很快就研制出了对撞机主体专用的6项关键设备的样机，其他各种设备也陆续研制出来，600多米长的用以安装各种设备的隧道陆续竣工。

北京正负电子对撞机建设期间，谢家麟同李政道、周地、叶铭汉讨论问题

在各项工程进展与日俱增时，人们不会忘记李政道教授的贡献。工程负责人谢家麟说："北京正负电子对撞机在预制研究阶段，得到美国各大加速器中心以及欧洲核子研究中心（CERN）、德图电子同步加速器中心（DASY）的热情帮助。在最初的方案讨论时，朱洪元和我曾专程去美国征求美国同行们的意见。李政道教授把美国所有著名的加速器专家都请到费米实验室，集体讨论、帮助出主意。"①

李政道教授十几年如一日，在国内外帮助中国建造高能加速器。眼看这项多年踌躇不前的巨型科学工程就要动工兴建时，他的心情是十分激动的，他深夜造访工程负责人，表白自己是中华民族的一员，并非是一时的心血来潮，而且，过去他始终是情真意切地这样要求自己的。

中国决定用 4 年多时间建成第一台高能加速器的信息，迅速地传遍了全世界。经过多年的厉兵秣马，中国人决定检验一下自己的力量。在那些时日里，在国务院重大技术装备领导小组和对撞机工程领导小组的带领下，由 17 个部委有关司、局负责人组成的"8312"工程设备协调小组成立。

协调小组成立之后，在每个月的第一周上午 8 时半，在指定地点集中办公，分别报告各自所属工厂和科研单位完成对撞机所需要的原材料及非标设备的研制情况；与此同时，十几个部委所属的上百家工厂和科研单位，也纷纷行动起来了。当年修建北京地铁的工程兵也列队开进了现场，工地上响起了推土机的巨大轰鸣……

（原载《瞭望周刊》1988 年第 12 期）

---

① 谢家麟访问谈话，高能所，1986 年 4 月 20 日。

杨振宁

物竞天存争朝夕

我虽然是献身于现代科学，我对于我所承受的中国传统和背景，引以为自豪。

——杨振宁在诺贝尔奖颁奖典礼上的演讲

第一篇　万里寻师

1945年冬季里一个寒风凛冽的早晨，大西洋上烟波浩渺，水雾迷蒙。

濒临大海的纽约港还在睡梦中，海面上已经渐渐映出了太阳的光辉。矗立在贝德罗埃岛上的自由女神沐浴在晨光熹微中，她高擎着火把，神情专注地瞭望着海天，波涛汹涌的大海不时地从远方传来哗哗的浪涛声。

在太阳渐渐跃出海面的时候，远远的地平线上在水天相连的地方出现了一个小小的黑点，那黑点迅速地移动着，轮廓越来越清晰，原来是从遥远国度飘来的一艘自由船。船上满载着数千名美国士兵，从印度的加尔各答出发后，在浩瀚的大海里漂泊了许多天，乘风破浪直奔纽约港而来。

船舱里非常拥挤，又闷又热，使人窒息。船上的乘客除了美国兵以外，还有一二百个床位是供一般人乘坐的。船舱里的床共有4层，每层的间隔只有两尺，所以，乘客们上了床就得躺下，因为在床上根本就坐不起来。人们就这样摩肩接踵地在大洋里颠簸着。在最底层的统舱里，挤住着20多位从中国来的学生，他们是清华大学派往美国留学的大学生。其中有一位身材修长、英气勃勃的青年，一路上虽然历尽漂泊之苦，而他还是埋头看书，周围的一切他都感到很陌生，头一次置身于这么多一天到晚都在讲英语的人们之中，美国兵们讲的有些话，他听不懂，许多年以后他才听人说原来是些脏话。士兵们见了这些年轻的中国学生，以为可以赚一点钱，于是便拿出牌来想和他们打扑克，谁知这些头一次出远门的中国学生也很机灵，他们见势不妙，婉言谢绝了。

"呜—呜"的汽笛声中，航船靠岸了。随着川流不息的人流，23岁的杨振宁就这样踏上了美国的土地。纽约，高楼林立，车水马龙。他乍一走进这座五光十色的城市，不免觉得有些眼花缭乱。那高耸入云的墙街，一座接一座橱窗里陈列着各种商品的店铺，他都只是匆匆而过，无暇也无心逗留。上岸后，他赶紧找了个旅馆住下来，然后花了两天的时间到街上买了一套西装和大衣，穿着起来，携带着中国教授给美国著名物理学家费米教授写的推荐信，怀着求知的热切渴望，走进了哥伦比亚大学的校园。走进这个大学的物理系办公室，他用英语向这个系的秘书询问说：

"请问，费米教授在吗？"

"费米教授？"秘书反问了一句。

"是的。"

"不知道。"那位秘书耸了耸肩膀摇摇头说。

杨振宁诧异地望着那位秘书，心想他也许没有听清自己的话，于是，又重复说道："费米教授是美国著名的物理学家，他什么时候到你们的系里来上课？"不料，那位秘书竟然回答说，他从来就没有听说过有位叫费米的教授。这不能不使杨振宁非常失望，也很惊讶，他心想："我来美国找的就是费米教授，他不在，又无人知晓他的行踪，这怎么办呢？"这时，乘兴而来的杨振宁不免有些迷惘了。问来问去，他见问不出什么名堂，只好怀着惆怅的心绪走出了这所大学。

在中国的时候，杨振宁曾经听人们说费米教授失踪了。可是，他也听人说过，失踪之前费米是哥伦比亚大学教授，因此特意到这所大学来拜访。现在，这里的人们竟然连大名鼎鼎的费米的名字都没有听说过。在这人地生疏的茫茫人海里，叫他到哪儿去寻觅这位钦敬的导师呢？他茫然地走在纽约的人流里，心里琢磨着到什么地方才能找到费米教授。想着想着，他的心里忽然豁然开朗起来,他想起了一个人,一位故人。心想只要是能找到他,他一定会知道费米教授的行踪。想到这里,他便连夜离开了纽约。

在叙述杨振宁为什么不远万里到美国求学,并且渴望拜见美国著名物理学家费米教授之前,先谈谈他在中国度过的孩提时代。

第二篇　颠沛流离的童年

20 世纪的 20 年代初期，中国大地风雨如晦，满目疮痍，内忧外患连绵不断。混战的军阀士兵们烧杀抢掠，无恶不作，所到之处民不聊生。

就在这样动乱的年代，1922 年 9 月 22 日，在安徽省合肥县一位名叫杨武之的教师家里，杨振宁出生了。当时，杨武之先生正在安庆（原名怀宁）教书，听说妻子分娩生了儿子，他的心中顿时充满了初次做父亲的喜悦，他思索了片刻，给襁褓中的爱子起名说："就叫振宁吧！"

振宁的"宁"字，是从杨武之先生教书的所在地怀宁中来的。杨武之先生当时大概没有想到：若干年后，他的爱子将不仅"振宁"，而且名扬全世界。

幼小的杨振宁刚刚来到人世间 10 个月，他的父亲便离开中国、远涉大洋到美国留学去了。

日子一天天过去，杨振宁渐渐长大了。在那兵荒马乱的年月里，小时候，他不得不时常偎依在母亲的身旁，惊恐不安地听到噼噼啪啪的枪声和可怕的呐喊声。各路军阀不时地打到合肥来，战乱之中，他不得不跟着母亲和家里的大人们东奔西跑地到处逃难，跑到乡下或是医院里躲避。这是因为当时中国还很落后，没有开办医院。医院都是外国教会办的，军阀及其士兵不敢轻易地闯进去冒犯。杨振宁 3 岁的那一年，逃难之后，他跟他的母亲回到了合肥四古巷的家中，在屋子的角落里发现了一个被子弹射穿的洞。

第二篇 颠沛流离的童年

在战火纷飞的年月里,虽然环境动荡不安,但杨振宁贤淑的母亲一刻也没有放松对孩子的教育,从4岁开始,杨振宁就开始跟他的母亲学着认方块字,他小小的年纪就显示了惊人的记忆力,使他的母亲吃惊的是,他只用了1年多的时间,就认识了3 000个字。在大家庭中,杨振宁有许多堂兄弟姐妹,从他5岁的那一年起,家里请来了一位老先生教孩子们读书。杨振宁念的头一本书名字叫《龙文鞭影》,更使人意想不到的是,他虽然年纪很小,却很快就把这本文字艰涩、难懂的古书背诵得滚瓜烂熟了。

杨振宁长到6岁的时候,他的父亲在美国获得芝加哥大学的数学硕士与博士学位以后归来了。母亲特地带着他到上海去迎接父亲。父子俩见面后,杨振宁竟像见了陌生人一样地腼腆,因为父亲远行时他尚在母亲的怀抱里,还不记事呢。一家人团聚了,杨武之教授用惊喜的目光注视着儿子,欢喜地问道:

"念过书没有?"

"念过了。"小杨振宁睁大眼睛怔怔地望着陌生的父亲回答说。

"念过什么书?"父亲又问。

"念过《龙文鞭影》。"他毫不含糊地回答说。

"会背吗?"

"会!"

"那好,背背我听!"

杨振宁摇晃着头,一本正经、一字不差地全都背了出来。

可是,治学严谨的杨武之教授并没有就此罢休,他不愧是一位良师,但又是一位严父,在一般的人看来,一个6岁的孩子能把一本十分难懂的古书谙熟地背诵出来,已很神奇。可是,杨武之教授仍感不足,他还一定要求儿子理解,因而又板着面孔问道:

"书里讲的什么意思?"

杨振宁听了,低下了头。他撅着小嘴,摆弄着衣角,一双明亮的大眼睛里充满了求助的目光,望着母亲。父亲见这情形,不禁笑了。没有责怪什么,

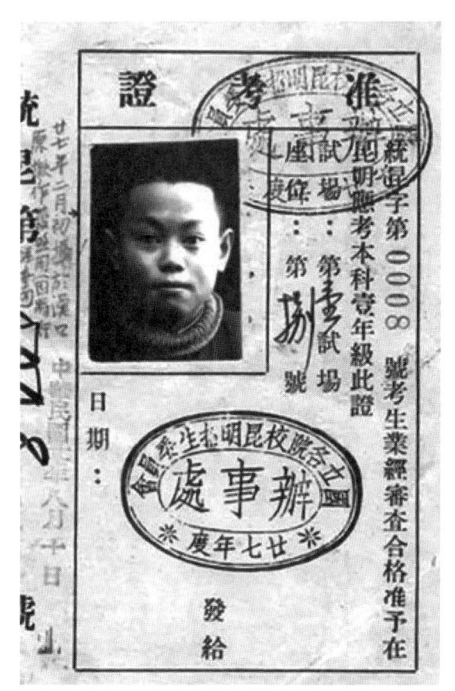

杨振宁的大学入学考试准考证

最后从口袋里掏出了一支钢笔送给了儿子，也许是奖励吧，杨振宁顿时感到不再畏惧了，他高兴地把钢笔接过来，好奇地看了又看，在这以前，他还从来没有见过钢笔呢。

回国以后，杨武之教授受聘做了厦门大学的教授，杨振宁从此告别故乡跟随父母到了厦门。在他童年的记忆里，在这个美丽的海滨城市度过的一年光阴是难以忘怀的。这里，有汹涌澎湃的大海、高大挺拔的棕榈树，还有海上花园鼓浪屿。幼小的杨振宁走进了厦门大学整洁的校舍，发现教授们住的房子里的设备很洋气，厕所还是抽水的。全家人安顿下之后，他的父亲便把他送进了一个比较先进的小学，这所小学是专门为厦门大学教职员工的子弟们开设的。虽然只有一位教师，但是，这位汪老师在孩子们的记忆中却是一位非常好的老师，他教起书来很认真。杨振宁的数学和国文成绩都很使老师满意，只是，他的手工作业不太成功。有一次上手工课，他用泥巴做了一只鸡，很得意地拿回家去给父母看。父母看后笑着说，做得很好，问道："是一根藕吧!?"

这件事给杨振宁的震动太大了，印象太深了，以致数十年之后，他还以这件事为例，说明自己童年时代的手工作业不行。

1929年秋天，杨武之教授领着妻子和孩子从厦门乘坐火车到了北京，他从此担任了清华大学数学系教授。当时，虽然中国各地烽烟四起，然而，在清华园的围墙里却像是世外桃源，几乎与外界隔绝。少年杨振宁就是在这样一个被保护起来的安定的环境里，度过了长达8年的无忧无虑的岁月，他念完了小学，又进了北京绒线胡同的崇德中学读书。在崇德中学，他结识了许多几乎交往了终身的好朋友，其中有一位名叫邓稼先的同学和他最要好，邓稼先的父亲邓以蛰，也是位教授，杨振宁和邓稼先都是安徽人，因此在动乱中结为同窗就更加感到亲切。后来邓稼先也远涉重洋到了美国，在印第安纳州的普渡大学获得博士学位后回国。在半个世纪的漫长岁月里，两人都保持着诚挚的友情。邓稼先回国后，参加了中国原子弹、氢弹的研制工作，被誉为中国的"两弹元勋"。

在那些年月里，杨武之教授用教书的微薄收入维持这个多子女的家庭。杨振宁是个很懂事的孩子，在家里他是大哥哥，他穿着钉了后掌的鞋和补过的衣服，随父母住在清华园的西院11号，下了课就领着弟弟杨振汉、杨振平和妹妹杨振玉在清华园里嬉戏、玩耍，他们几乎爬遍了校园里的每一棵树，观察过园子里的每一棵草，观察着，思索着自然界的种种奥妙和神奇。有的时候，还请大人们给他和其他小朋友照相，以合影留念。

然而，快乐的、充满了幻想的童年并没有维持多久，这金色的梦幻很快就被一次大变故打破了，惊扰了。他在读中学4年级的时候，北京附近的卢沟桥上忽然响起了隆隆的炮声，紧接着，荷枪实弹的日本兵准备长驱直入地占领全中国了。中国东北沦陷后，北京和天津也危在旦夕。

"日本人打进来，学校办不下去了，大家都走了，我们也走吧！"一天，杨武之教授心情沮丧地回到家里，对杨振宁的母亲说道。

他们收拾了一下行李随即跟随学校离开了北京。全家人先是到了故乡合肥。但即使在这样紧张的战争环境里，杨武之教授依然把杨振宁的学习问题记挂在心上。到了合肥，杨振宁立即进了安徽的省立第六中学读书。可是，日军日日进逼，战火迅速地蔓延到了长江以南，日本飞机不时地飞来丢炸弹。

江南的城镇和乡村眼看就要沦为日军铁蹄下的人间地狱了，老百姓惶惶不安，呻吟在水深火热之中。日本人快要打到南京的时候，杨武之教授决定到大后方的云南昆明去，在那里，清华大学、北京大学和南开大学合并以后，成立了一个西南联合大学，这个大学聘请杨武之去做数学教授。于是，一家人又从合肥出发，一路上遇车乘车，遇水乘船，有的时候甚至是步行，经过汉口，绕道香港和海防，历尽颠簸跋涉之苦，一天，终于到达昆明。

杨武之教授带领一家人到达昆明后，把家安顿在昆明西北郊龙院村的一个大院里，同院住的西南联大教授共有10家人。杨振宁全家从1940年到1943年，为了躲避轰炸在这个大院里住了3年时间，在这个大后方的穷乡僻壤的破旧房屋中，除了下课后帮助妈妈干家务活外，他还抱着幼小的弟弟妹妹玩耍，由于他对弟弟妹妹宽厚友爱，小孩子们都很听他的话。

第二篇 颠沛流离的童年

战乱和漂泊不定的生活，常常使得正需上进的青少年懈怠起来，荒废了学业，不求进取。而杨振宁却不然，在辗转跟随大人们逃避战乱的日子里，他依然抓紧一切时间用功念书。到了昆明，他很快便进了昆华中学读书。战时，像他一样颠沛流离的中学生非常之多，因此，这一年的夏天，国民党政府的教育部便公布了一项决定：所有的中学生可以不需要文凭，凭着同等学力都能报考大学。所以，杨振宁念完了高中二年级，也决定以同等学力参加全国统一招生的考试。

杨振宁是一位做起事来十分认真的学者，他的勤恳刻苦的精神早在青少年时代就很突出。对待小事他也决不马虎懈怠，大学考试的那天，天不亮他就起床了，胡乱吃了几口饭，就精神抖擞地走进了考场，这时候，考场上只有寥寥几位同学，他穿着整洁的学生装，高高兴兴地领了准考证，贴上相片，准考证上写着"统昆字第七号考生业经审查合格，准予在昆明应考本科一年级"。由于平日苦学不辍，几天之后，杨振宁便以出色的成绩被大学录取了。

杨振宁从此踏入了绚丽多彩的大学生时代。虽然生活艰苦，但是，战时的昆明，人才荟萃，无论是在家里或是在学校里，可以说是良师济济，智者云集。在这个造就科学家的摇篮里，杨武之教授对儿子的影响是决定性的。后来，回忆起这段经历，杨振宁说："父亲对我们子女们的影响很大。从我自己来讲：我小时候受到他的影响而早年对数学发生浓厚的兴趣，这对我后来搞物理学工作有决定性的影响。"

在这里，他深深地扎下了根……

在杨振宁的记忆中有许多难忘的日子，4年的大学生活可以说尤其使他刻骨铭心。

"七七事变"爆发的第二年，也就是1938年，杨振宁进入昆明西南联合大学读书。战时的昆明，不仅学校的校舍简陋，而且各种物资都极端匮乏；白天，他和同学们坐在窗子没有玻璃的教室里听课，刮起风来必须把书和纸用东西压着，否则就会被风吹跑；下起雨来，铁皮的教室房顶被雨打得叮叮当当地直响。夜幕降临了，五六个同学睡在一间又闷又热的小小的草泥房子里，任凭蚊虫叮咬。

"呜—呜"的警报响起来，师生们又得赶紧放下课本跑警报。

关于这段经历，许多年以后，杨振宁讲过这样一番话，他说：

"抗日战争是一场漫长的浩劫，与中国悠久历史上所发生过的任何一次战争相比，都有过之而无不及。降临到千百万老百姓头上的是难以名状的灾难。有1937年12月的南京大屠杀。有日本人的"三光"（杀光、烧光、抢光）政策，由于这一政策，单在华北地区，从1941年到1942年的一年之内，人口就从4 400万人锐减到2 500万人。有1944年河南省的大饥荒。（我实在不知道应该怎样来形容这场惨剧！）有1944年底日军的最后一次攻击，当他们攻打到桂林和柳州时，在昆明人人都担心贵阳会随时陷落。还有数不清的疯狂轰炸。"

1940年9月30日，杨振宁一家人险些遇难。这天，日本飞机又呼啸着飞来了，伴随着飞机的轰鸣声，一颗颗的炸弹像雨一样地纷纷落了下来，中弹的地面上一片火海。杨振宁一家人在昆明租赁的房屋也被炸弹炸了，全家人少得可怜的一点家当几乎全部化为灰烬，万幸的是，当时全家人都躲在防空洞里，因此幸免于难。几天之后，他带着一把铁锹回去，从废墟中挖出了几本压歪了的但仍然可以用的书本，高兴极了。

除此之外，还有通货膨胀的威胁，他的父亲杨武之教授虽说是西南联大第一流的教授，但是仅靠教书的收入已经不能维持一家人的生活，他的储蓄全部化为乌有。战争结束的时候，全家人已经到了无隔夜之粮的境地。杨振宁的母亲罗孟华是一位意志坚强而又克勤克俭的妇女，为了一家7口人的温饱，她年复一年地从早到晚辛苦操劳。"她的坚韧卓绝的精神支持全家度过了8年的抗日战争时期。战争结束时，全家个个清瘦，但总算人人健康。"后来，杨振宁这样赞颂他的母亲。

当时，西南联大虽然办学条件很差，可是，学术氛围却异常浓厚。3所著名大学的教授们聚集在一所学校里教书，可谓名家云集，高手荟萃。在这里，文学是大学一年级学生们的必修课，教授们轮流上课，一位教授只讲一到两个礼拜，采取这种方法为的是可以给学生们多方面的文史知识。杨振宁读大学一年级的时候，教过他国文的老师有朱自清、闻一多、罗常培、王力等著名的作家、诗人和教授。

杨振宁开始报考的是化学系，开学以后，他决定改念物理。在当时的中国，西南联大物理系教授也是第一流的，大学一年级时，教他们物理课的是著名物理学家赵忠尧；进入大学二年级，他跟吴有训（著名的"康普顿—吴有训效应"的发现者）念了电磁学，还跟著名物理学家周培源念了力学。这些人后来都是蜚声中外科坛的著名学者，他们讲课很认真，不仅事先下功夫备课，讲完了课还给学生们布置许多习题，以巩固学生们的学习。因而，在四年的大学和后来两年的研究生期间，他专心致志地读了许多有名的教科书，跟各方面的名家学了许多知识。在这期间，有两位大学教授对杨振宁的影响较大，他们是吴大猷和王竹溪。杨振宁的学士论文就是跟吴大猷教授写的。1941年秋季的一天，杨振宁找到吴大猷表示希望做他的学生，吴大猷欣然同意，给了他一本《现代物理评论》，说："你回去看看这篇文章，看了以后告诉我有什么心得。"

杨振宁把这篇讨论分子光谱学和群论关系的论文拿回家给父亲看了，他的父亲虽然不是念物理的，却很了解群论，父亲给了他一本狄克逊写的小书，书名叫《近代代数理论》。狄克逊是杨武之先生在芝加哥大学念书时的老师。杨振宁很喜欢这位只闻名未见过面的著名学者写的书，因为它很简洁，没有废话，只用了20页纸就把深奥的群论"表示理论"十分美妙地讲述透彻了。青年杨振宁领悟了群论的奥妙和它在物理中应用，对他后来所从事的科学研究有深远的影响，这个领域叫作对称原理，杨振宁对对称原理发生兴趣，他自己认为起源于这一年吴大猷教授对他的引导。

1942年杨振宁在昆明西南联合大学取得物理学学士学位以后，做了这个学校的研究生。为了准备硕士论文，他研究的是统计力学，导师是20世纪30年代曾到英国师从福勒的王竹溪教授。王竹溪是杨振宁终生难忘的良师之一，他循循善诱的教学方法把杨振宁引进了物理学的这个领域。从此以后，物理学一直是杨振宁感兴趣的一门学科。杨振宁所写的硕士论文的题目是《超晶格》。

后来，杨振宁回忆起这段经历，他说：

> 西南联大是中国最好的大学之一。我在那里受到了良好的大学本科教育，也是在那里受到了同样良好的研究生教育，直至1944年取得硕士学位。战时，中国大学的物质条件极差。然而，西南联大的师生员工却精神振奋，以极严谨的态度治学，弥补了物质条件的不足：学校图书馆存书不多，杂志往往过了一两年才收到，但就在那座图书馆里，我学到了许多许多知识。冬天，我们的教室又冷又透风；上实验课时，我们只有少得可怜的一点设备；但是，总的说来，课程都非常有系统，而且都有充分的准备，内容都极深入。直到今天，我还保存着当年听王先生讲授量子力学时的笔记，它对我仍是有用的参考资料。笔记本用的是没有漂白过的粗纸，很容易撕破，今天它经常使我想起那些岁月里的艰苦物质条件。
>
> 想起在中国的大学生活，对西南联大的良好学习氛围的回忆，总使我感动不已。联大的生活为我提供了学习和成长的机会。我在物理学里的爱憎主要是在这个大学度过的6年时间里培养起来的。诚然，后来我在芝加哥接触了前沿的研究课题，并特别受到费米教授风格的影响。但我对物理学中某些方面的偏爱，则是在昆明的岁月里形成的。

像所有的创造性活动一样，杨振宁的爱憎，以及他的能力、脾气和机遇，决定了他的风格，而这种风格反过来又决定了他的贡献。乍听起来，一个人的爱憎和风格竟与他对物理学的贡献关系如此密切，也许会令人感到奇怪，因为物理学一般认为是一门客观地研究物质世界的学问。然而，物质世界具有结构，而一个人对这些结构的洞察力，对这些结构的某些特点的喜爱，某些特点的憎厌，正是他形成风格的要素。因此，爱憎和风格之于科学研究，就像它们对文学、艺术和音乐一样至关重要，这其实并不是稀奇的事情。

杨振宁说，他对物理学的爱憎基本上是在昆明当学生的时候形成的。正是在那些年月，杨振宁学会了欣赏爱因斯坦、狄拉克和费米的工作。

杨振宁做研究生期间，住在西南联大的昆中北院研究生宿舍，宿舍是个年久失修的二层小楼，同室住的有凌宁、金启华和顾震潮，黄昆和张守廉也偶然去住几天，这些中华民族未来的精英们就在这样破旧的陋室里交谈切磋，结伴探索着物理学的种种奥秘和未知的神奇。

后来，杨振宁在联合大学附中教了一年的高中数学。课堂上，一位名叫杜致礼的小姑娘很喜欢这位英俊而且才学出众的小老师。这不期而至的邂逅，在两个年轻人的心灵里深深地播下了爱情的种子，只待春来开花结果了，这是后话。

在西南联合大学念研究生时，杨振宁对一些物理学家的研究风格逐渐产生了浓厚的兴趣，其中他最佩服的是爱因斯坦、费米和狄拉克。他们都是20世纪的大物理学家，虽然他们3个人的风格迥异，然而，杨振宁发现他们有共同的研究风格，那就是他们都能从十分复杂的物理现象中提取其中的精神，然后再把这种精神，通过很简单，但却是很深入的想法，用数学的方式表示出来，并且是单刀直入、正中要害。这就是杨振宁不远万里前往美国求师的缘由。美籍意大利杰出的物理学家费米，和他所从事的物理学研究，对杨振宁是那样富有魅力，所以，他决定尽一切可能找到他。

第二次世界大战快结束的时候，费米到芝加哥大学物理系及当时新成立的核研究所工作，这时候被战争贻误了学业的各个大学正在恢复学术研究工作及研究生的教育。芝加哥大学招收的物理研究生特别多，他们之中有许多人是慕费米的大名，不远万里前来求教的。杨振宁到达纽约之后不久，有一天走了很长的一段路到了蒲平大厦，登上8层楼，到哥伦比亚大学物理系打听费米教授近期是否授课，不料遇见的几位秘书都表示一无所知。所以，他决定到普林斯顿去。在中国的时候，他父亲的一位好友、西南联大物理教授张文裕，就在普林斯顿做客座教授，专门从事宇宙线方面的研究，就在这个研究所，张文裕发现了著名的"张原子"。

一天，张文裕正在实验室里埋头工作时，风尘仆仆的杨振宁忽然笑吟吟地出现在了他的面前。

"你怎么来了？什么时候到的？"张文裕惊喜地抚摸着杨振宁的肩膀，问道。

杨振宁坐下来，休息了一会儿，他把如何乘坐运兵船到美国，如何寻找费米的经过述说了一遍。

"哦，打仗期间费米教授曾经在洛斯阿拉莫斯①。听说，他已经决定到芝加哥大学去当教授。"张文裕用带有福建口音的普通话说。

"和你一起考取留美公费生的还有哪些同学？"张文裕关切地问道。

"清华大学公布的第六届考取留美公费生的录取名单里，物理学就我一个人，其他考取的同学有的选学西洋史、会计学、医学、造林学、数学、动物学、矿物学、道路工程、机械制造、电机工程、航空工程、社会学、师范教育、制药学，还有的学农具制造、植物病理学、气象学、造船工程、原动力工程、无线电学、化学工程等。"杨振宁告诉张文裕说。

"那好啊。你今晚就住在这里吧，休息休息，然后再到芝加哥去找费米。"张文裕说。

杨振宁求师心切，他无心逗留，随即拜别了张文裕到芝加哥去了。

芝加哥城坐落在美丽的密歇根湖畔，杨振宁马不停蹄地赶到以后，顾不得休憩片刻，就赶紧到芝加哥大学注了册，但是，他仍然未找到费米。一直到第二年年初才见到费米教授。

这天，他怀着钦敬的心情坐在台下，望着讲台上笑容可掬的、脸上布满了深刻皱纹的费米教授，这时，他的一颗忐忑不安的心才算放了下来。

---

① 洛斯阿拉莫斯（Los Alamos）国家实验室，位于美国新墨西哥州，奥本海默教授为该实验室第一任主任。

杨振宁坐在芝加哥大学的课堂上，悉心听外国老师讲课。他发现费米用流利的英语讲起课来，深入浅出、明白易懂，每个题目他都不厌其烦地从头讲起，他在讲课时举的例子都很简单，并且尽可能避免形式化。

杨振宁在芝加哥大学读了两年半研究生，1948年夏天获得博士学位。做研究生期间，他的勤奋好学深得费米的喜爱。每个星期，费米常常会对很少的几个研究生做一两次非正式的无准备的晚间演讲。夜晚，学生们聚集在他的办公室里，然后，由他或某个同学提出一个专题，费米听了就查阅他那些做了详尽索引的笔记本，从中找出关于这个专题的有关笔记，随后就给他们讲解。

杨振宁十分珍视那些亲自聆听费米教授讲解的难得的夜晚。数十年中，他一直保存着听费米晚间演讲时所做的笔记。记述的演讲题目包括：恒星的内部构造及演变理论、白矮星的结构、伽莫夫—熊伯格关于超新星的构想、黎曼几何、广义相对论与宇宙学、中子在物质中的减速、介子在物质中的减速等。

1949年春天，费米讲授核物理，他因为有事要离开芝加哥几天，临走时，请杨振宁代他讲授一堂课，并且把一个小本子交给了他，上面写满了他为每一节课认真准备的每一个细节，走之前，他和杨振宁一起把全部内容讨论了一遍，他的这种一丝不苟的、严谨的治学态度，给杨振宁留下了深刻的印象。

除了正式和非正式的课程之外，费米还将他的午餐时间几乎全部献给了研究生。他和研究生们边吃边谈，话题十分广泛，他讨厌任何形式的做作。

"一个年轻人应该将他的大部分时间用于解决简单的实际问题，而不应专门处理深奥的根本问题。"费米教授说。

1949年夏天，费米和杨振宁合作完成了《介子是基本粒子吗？》这篇著名的论文。在那些日子里，除费米外，杨振宁和泰勒教授也过从甚密。泰勒后来被称为美国的"氢弹之父"，他研究物理学的特点是，他有许多直觉的见解，虽然许多见解不一定对，甚至90%是错误的，但是，泰勒教授并不在意，他还是谈出来，只要其中有10%是对的就行，泰勒教授这种坦诚的探索精神，对杨振宁也影响颇深。在这之前,杨振宁跟吴大猷教授学了分子光谱学和群论之间的关系,学的方法主要是推演法,也就是说,是从数学推演到物理的方法;而泰勒则恰恰相反,他所注意的是倒过来的方法,即从物理现象引导出数学的表示,叫作归纳法。杨振宁从中悟出了这样一个道理:泰勒教授用的归纳法,是从物理现象出发,因此做起科学研究来,就不易陷入形式化的泥坑。

在这个著名的学府,杨振宁和物理大师们朝夕相处,耳闻目染他们的学风、精神,受益不浅。在他们中间,不仅学术研究的气氛浓厚,而且使他认清了一些最有发展前途的研究方向。

"我常常想,我是很幸运的。在西南联大,我打下了扎实的根基,学会了推演法;到了芝加哥大学又受到了新的启发,学会了归纳法,掌握了一些新的研究方向。在两所学校受的教育,对我后来的工作产生了巨大影响。"后来,杨振宁回想起这段经历,这样说。

还没有到芝加哥大学念书的时候,杨振宁就很向往做一个实验物理学者,他原计划写一篇实验方面的论文,本来计划跟费米教授做实验。不料想,他的这个愿望竟未能实现,原因是那时候他是个外国人,不能进入阿贡国家实验室,那时,费米教授所做的实验工作是在阿贡实验室进行的。费米教授对这件事很遗憾,他很喜欢身边这位好学不倦、出类拔萃的东方青年,于是,特地亲自出马介绍杨振宁到艾里逊教授的实验室工作。

当时,艾里逊教授正领导着五六个研究生计划建造一台40万电子伏的加速器,这台加速器的能量在当时来说是很大的,杨振宁在这里工作了18个月,领略了做实验的科学家们都做些什么事情,了解了他们的困难、愿望和设想,这对他后来的发展也产生了很好的影响,但是,他也发现自己的动手能力不太行。

"凡是有爆炸的地方,一定有杨振宁!"人们开玩笑说。其实,他进行的实验不太成功,这倒不完全是他的错误,因为艾里逊给他出的那个题目,本来就是一个做不出来的题目。

"你做的实验是不是不大成功?"有一天,泰勒教授来找他,问道。

"对。"杨振宁坦率地回答说。

"你不必坚持一定要写出一篇实验论文,你已经写了理论论文,那么就用一篇理论论文作毕业论文吧。我可以做你的导师。"泰勒教授说。

杨振宁听了这话很失望,因为在这之前他一心一意想写一篇关于物理学实验方面的论文。于是,他没有立刻答应,而是说:"我需要想一想。"

两天以后,他对泰勒教授说:"我决定接受您的建议。"做出这个决定之后,他如释重负,从此以后,他以全部精力和智慧投身到理论物理的研究中,不久便做出了震惊世界的贡献。

获得博士学位后,杨振宁在芝加哥大学做了一年教员。第二年春天,一个偶然的机会改变了杨振宁的想法,把他吸引到了另一位物理大师的身边。

第二次世界大战期间,奥本海默教授在美国主持了世界第一颗原子弹的研制工作,因此在美国乃至全世界负有盛名,从1947年起,他担任了普林斯顿高等研究所的所长。

一天,杨振宁在芝加哥大学听了奥本海默的演讲,心想:"在奥本海默教授主持的普林斯顿高级研究所人才济济,我如果能到这个研究所工作,无疑会得到更多的教益。"随后,他对泰勒和费米教授谈了自己的想法,希望能得到他们的支持。两位教授当即给他写了推荐信,信发出去之后,奥本海默很快便回信说:非常欢迎杨振宁去普林斯顿工作。

"高等研究所是一个很好的地方,不过不宜久居,因为里面研究的方向太理论化,容易变成形式主义,容易与实际的物理问题脱离关系。就是说,有点像中世纪的修道院,因此,我希望你到了那里工作一年以后再回到芝加哥来。"分别的时候,费米教授殷切地叮嘱杨振宁。

杨振宁离开了芝加哥,1949年秋季的一天,走进了纽约附近的普林斯顿高等研究所。走进了这座静谧的"修道院",杨振宁起初也不免有些惶惑,原因是这里也是名家云集,大智者不乏其人,尽管常常来这里工作的只有二十几位教授,但他们都是世界闻名的大科学家。每天清晨或黄昏,在静静的密林里，时常可以见到数学、物理或是历史学家们，有的三三两两聚在一起讨论问题，有的徜徉在林间小路上，漫步沉思，他们之中，就有大名鼎鼎的爱因斯坦。

有一天，爱因斯坦的助手忽然来找杨振宁，对他说爱因斯坦想跟他谈谈。这时候，爱因斯坦已经进入暮年，而且已经退休，但他每天仍然到办公室里去。虽然，杨振宁和其他年轻人很敬重崇拜爱因斯坦，但是，平时都不愿意去打扰他，怕给他添麻烦，因此从未主动找过他，向他请教问题。

"爱因斯坦派人来找我，有什么事呢？"途中，杨振宁一路走，一路纳闷地想。

原来，爱因斯坦年轻的时候从事的许多研究工作中，包括两个主要的方面：一个是电磁学，一个是统计力学。后来许多年中，他始终对统计力学很有兴趣。他看了杨振宁和李政道合写的一篇谈统计力学的论文，很感兴趣，很想见见论文的作者，交流一下彼此的见解，所以派人来找杨振宁。

门开了。杨振宁腼腆地站在爱因斯坦面前，爱因斯坦用夹杂着德国字的英语一面请杨振宁坐，一面抚摸着他那"牧羊狗"般的白发，和坐在自己身旁的这位陌生的年轻人侃侃而谈。可惜，杨振宁不懂德文，和这位赫赫有名的大智者直接面对面地对话，又非常局促不安，因此，以至于事后有人问杨振宁在这次会见中爱因斯坦跟他谈了些什么时，他竟讲不清楚。

杨振宁离开芝加哥大学时，费米教授曾再三关照，希望他在普林斯顿工作一年之后再回芝加哥，起初，杨振宁也是这样想的。但工作了一段时间之后，奥本海默极力挽留他，因此，在1950年初，便正式聘请他长期留在这里工作。接到聘书后，经过认真考虑，杨振宁决定留下来，这倒不是因为他忘记了费米教授的叮嘱，也不是因为奥本海默的挚意挽留，而是因为这时候他正在热恋着杜致礼。她那时正在纽约念书，离普林斯顿很近，因此他便留下来了。

一个美妙的日子，杨振宁和杜致礼在普林斯顿结婚了。不久，他们的长子杨光诺来到了人间。起初，他们住在研究所的宿舍里，1954年年底，他和妻子交付了数百美元的保证金想在普林斯顿附近一个住宅区里订购一所新房子。过了几个星期后，业主通知他说，要把保证金退还给他们。

"为什么？"杨振宁和杜致礼诧异地问道。

"因为你们是中国人，我们如果卖给你们房子，可能会对我们出售住宅不利。"房主用英语解释说。

两个年轻人听了，很生气，后来杨振宁在一篇《临界点》的文章中对这件事做了这样的回忆，他说："我们怒不可遏，去找了律师，律师却劝我们不要起诉，因为他认为我们胜诉的机会是零。"由此可见，美国早年的种族歧视是多么厉害。

这年秋季的一天，杨振宁忽然得到消息说：费米教授得了重病。一时间，他心里很难过，因为他回想起自己万里迢迢到美国来找的知音就是费米，现在他竟有生命之忧，杨振宁决定立即赶到芝加哥去探望。

当杨振宁和哥伦比亚大学的盖尔曼走进芝加哥比灵斯医院的病房时，费米正在读书。杨振宁走近了一看，是一本描写凭着坚强意志战胜厄运和巨大自然障碍的真实的故事集。这时，这位对原子核科学做出了杰出贡献的物理学家虽然被疾病折磨得瘦弱不堪，但他的脸上只是略带哀愁。

"医生说，几天之内我就可以回家，但是没有几个月可以活了。"费米很镇静地说。说完，又让杨振宁等人看了他放在床边的一个笔记本，告诉他们，里面有他记的关于核物理的笔记，他计划出院后利用剩下来的两个月时间把它修改后出版。杨振宁和盖尔曼忍着难言的哀痛听着，这是一个只知道奉献的科学家在生命的尽头还在想的事情，费米的话深深地震撼了杨振宁的心灵，他曾这样描述自己当时的心情："盖尔曼和我被他的坚毅精神和对物理的热诚所感动，有好一会儿我们不敢正眼看他。"这次会见，竟是他和费米的最后诀别，探望后，过了不到三个星期，费米就去世了。

费米逝世以后，杨振宁缅怀这位难得的知己和良师，说："有人说，人的生命不应以年，而应以成功的事业来衡量。恩里科·费米的多种事业之一是作为芝加哥大学的一名教师。他曾直接或间接地影响了我这一辈的众多物理学家。"

在这之后,杨振宁回到普林斯顿又潜心做起研究工作来。这个高等学术研究机构的研究气氛异常活跃。他和一群风华正茂的年轻学者时常聚到一起讨论问题,有时为了弄清楚一个问题,他们常常争得面红耳赤,这些来自世界各地的年轻人,或是对别人滔滔发问,或是迎战别人的咄咄进攻,谁掌握了科学真理,谁就是胜利者。无疑地,他们之间的竞争也是十分激烈的。

20世纪40年代末期到50年代初期,物理学出现了一个崭新的领域——粒子物理学。可以说,杨振宁和他同时代的物理学家们是和这个新领域同时成长的。直到今天,这个领域方兴未艾,这门新兴学科每前进一步,人类对物质微观世界的认识也前进一步,杨振宁在这个领域里孜孜不倦地探求,过了不长的时间,便有了惊人的发现。

第三篇　这应该是个佳话……

在人类认识物质微观世界的近代物理史上,杨振宁和李政道的名字是不可分割的。在旧中国,他们经历了战乱、贫困和颠沛流离的苦难,度过了难以忘怀的童年和青年时代;尔后,在美国邂逅,又共同完成了使亿万炎黄子孙为之自豪的业绩……

"几十年来,我的研究工作主要集中在统计力学和粒子物理学中对称原理两个方面。很幸运的,多年来,我有很多非常杰出的合作者。其中跟我合作得时间最长、最有成绩的是李政道……"在香港举行的一次座谈会上,杨振宁回顾自己走过的道路时这样说。

杨振宁认为,科学家的发明创造,和文学家、艺术家的创作一样,也需要灵感。

"当然,灵感不是凭空产生的,往往是经过一番冥思苦想,而后出现的'顿悟'现象。所以称之为'灵感',是因为这种'顿悟'不是来自正面的思考,而是借助于熟能生巧,甚或是梦境。总之,是在一种不经意的状态下,突然豁然开朗地得出平时百思而不得其解的答案,将这种'顿悟'的意念付诸实践,得到成功,这就是'灵感'。"他说,他的灵感常常是在早晨刷牙的时候产生的。

不论是灵感也好,勤奋也罢,杨振宁以一个根基很好的学生到美国后,美国还是给了他发挥潜力的机会。

请看下述事实:

1949 年,杨振宁和费米一起提出了基本粒子的结构模型,也就是"费米—杨"模型,为后来日本学者坂田昌一提出的"坂田模型"奠定了基础。

1954 年,杨振宁和米尔斯合作,提出了 SU(q) 规范场论,也就是"杨—米尔斯理论",为后来非阿贝尔规范场论的发展打开了大门。

杨振宁在物理学领域里崭露头角,接连获得了累累硕果,正蒸蒸升腾的时候。1956 年的夏天来临了。美国乃至世界各地的物理学家纷纷到纽约附近的长岛一面避暑,一面做研究工作。濒临大西洋的长岛,风光优美,幽静凉爽,海上吹来的湿润的风,不断化为雨露,滋润着岛上的林木和花草,一片郁郁葱葱。岛上坐落着遐迩闻名的布鲁克海文实验室。

在人类的科学史上,17 世纪的伽利略提出银河系理论;19 世纪的巴士德提出免疫问题;伦琴发现 X 光,都无不是经年的苦苦探索,一旦"顿悟"的成果。就在 20 世纪 50 年代中期一个阳光辉耀的夏日,在人类认识大自然的漫长历程中,蓦地又树起了一块划时代的丰碑。一天,杨振宁和李政道在布鲁克海文实验室相遇了。两个年轻人在一起很自然地谈到了当时的一些物理实验,结果和有些所谓"原理"之间的矛盾,两个年轻人经过一番讨论,大胆地提出:

"在弱相互作用中,宇称也许是不守恒的!"

这个假说,或说是"$\tau-\theta$ 之谜"应该怎样打破呢?也就是说,假说究竟对不对呢?

那时候,物理学家发现他们所处的情况曾被指出就好像一个人在一间黑屋子里摸索出路一样。他知道在某个方向上必定有一个能使他脱离困境的门。然而究竟在哪个方向上呢?

原来,那个方向就是,宇称守恒定律不适用于弱相互作用。但是,要从根本上推翻一个已被公认的概念,必须首先证明,为何原先支持这个概念的那些证据是不充分的。李政道博士和我详细考察了这个问题,并在 1956 年 5 月得出下述结论:(1)过去做过的关于弱相互作用的实验,实际上与宇称守恒问题并无关系。(2)在较强相互作用方面,确实有许多实验以高度准确性确立了宇称守恒定律,但准确度仍不足以揭示在弱相互作用方面宇称守恒或不守恒。

杨振宁后来在诺贝尔演讲中回顾说。

从在这之前的 30 年前,量子力学创立之日起,一直被认为是毋庸置疑的物理学的基本定律之一——宇称守恒定律,就这样被动摇了。又过了大约半年,华裔女科学家吴健雄用精细的实验证实:"李—杨假说"是完全正确的!

杨振宁和李政道不为传统的成见所束缚,正确地区分开建筑在实验事实基础上的真理,不受人们不自觉的因袭成见的羁绊,大胆地、审慎地对待"权威",从而成功地推翻了保持了数十年的所谓"金科玉律"。

宇称守恒定律被推翻的信息传开之后,世界各国的评论、祝贺,如雪片一般飞向了李振道和杨振宁。

"李、杨二博士在上年暑期内曾指出对称性定律之不尽正确。他们的目的,在于解释布鲁克海文实验室的质子加速器和贝克莱质子加速器的实验何以会有不同的结果……" 1957 年,《纽约时报》刊载的美国哥伦比亚大学物理实验报告《对等性定律的推翻》一文中说。

"李、杨的发现,比分裂铀原子的发现还要重要得多。裂变对外行人产生了巨大影响,但是它一点也没有说明物质奥秘的要害。" 一位著名的美国科学家说。

消息传到斯德哥尔摩,诺贝尔奖委员会的科学家们决定让两个年轻人分享 1957 年度的诺贝尔物理学奖金。这一年的冬天,杨振宁和李政道在普林斯顿高等研究所的双人办公室里,会见了来访的美联社记者。会见的这天,两个年轻人穿着衬衫,精神焕发地回答记者的提问。他们身后的黑板上还写着几天前计算出来的方程式的一部分。

"你们对获得诺贝尔奖有什么感想?" 记者问道。

"我们都觉得这是非常伟大的荣誉!" 杨振宁说。

在诺尔贝奖颁奖典礼上

第三篇　这应该是个佳话……

在会见记者的过程中,电话铃声几分钟响一次,在普林斯顿工作的各国物理学家们不时地闯进来祝贺他们,人们送来了大批的贺信和贺电。

"很希望知道你们是怎样完成这次伟大发现的?"记者们问道。

杨振宁和李政道听了,谦逊地笑了。他们说,他们的发现是由于在物理学上有一个疑惑不解的问题引起的。

"我们想起一个概念能够解释,于是就设法从理论上说明这种概念。"

谈到这里,杨振宁笑着打了个比喻,他说:"整个过程和汽车公司用来测定汽车的尾鳍应该多高的过程,没有多少不同。只要坐下来算算就算得出来!"他思忖了半晌,又说道:"要完全证实我们的发现,还需要做更多的实验。"

显而易见,两位科学家谦逊得很,事情远非这么简单。"李—杨假说"问世之前,在物理学家们的心目中,宇称守恒定律似乎是经过千百次实验检验过的基本定律。34岁的杨振宁和30岁的李政道不迷信所谓的"基本定律",他们认真地分析了已有的数据,指出:

"现有的实验确实相当精确地证明了在强相互作用和电磁相互作用中,宇称是守恒的,而在弱相互作用中,到目前为止,仅仅是一个推广的假设,并没有任何实验证据能支持它。"

谈到这里,他们十分明确的,而又一针见血地说:"认为宇称守恒在弱相互作用中也无可怀疑,只是一种因袭的成见。"

1957年冬天,白雪皑皑的斯德哥尔摩增添了喜庆的气氛,瑞典皇家科学院门前车水马龙。

瑞典皇家科学院对杨振宁和李政道的重大发现给予了极高的评价,皇家科学院发表的正式公报说:

> 两位物理学家由于对所谓宇称守恒定律做了精湛的研究,从而导致次原子粒子方面的重要发现,因而共同获得诺贝尔奖。

这一年的12月1日，瑞典皇家科学院的大厅里灯火如昼。杨振宁和李政道在授奖典礼上受到每一个人的热情祝贺和羡慕。记者们都抢拍他们的镜头。两位科学家和他们的夫人坐在第一排，紧靠着瑞典国王和王后。

瑞典国王和王后率先鼓掌，大厅里响起了动人心魄的热烈掌声，杨振宁快步走上讲台。他一面把讲义放在投影仪下，一面用流利的普通话发表了题为《物理学中的宇称守恒及其他对称定律》的演讲。他说：

> 有此机会同诸位讨论宇称守恒及其他对称定律，我感到莫大的高兴和荣幸。我将先概括地谈谈物理学中守恒定律的作用。其次，谈谈导致推翻宇称守恒定律的发展过程。最后，讨论物理学家由经验知悉的某些其他对称定律。这些定律尚未形成一个完整而概念上简单的格局。李政道博士将在他的演讲中谈及宇称守恒定律被推翻以来的一些饶有兴味而且激动人心的发展。

接着，他谈了对称定律的渊源，说：

> 对称定律完全符合我们的日常生活经验。其中最简单的一种，即空间的各向同性和均匀性，可以追溯到人类思想的早期历史。运动定律在匀速运动的坐标转变中的不变性（即"伽利略变换"不变性）是一种比较复杂的对称性。物理学者很早就知道这种对称性，它构成了牛顿力学的基石之一。
>
> ……

在这次著名的演讲中，年轻的杨振宁面对着世界各国的听众，骄傲地宣称：

> 我一方面为我的中国血统和背景而自豪，一方面将奉献我的工

作给起源于西方的现代科学，因为它是人类文化的一部分。

如今，近代物理史上的这段佳话虽然已经过去了 60 多个年头，然而，在中国物理界，乃至全世界的物理学者中间，仍然传颂不已。

第四篇　故国情深

1957年的秋天，在风景如画的日内瓦湖畔，杨振宁见到了他久别的父亲杨武之教授。这次会见，对于杨振宁和他远在大洋彼岸的亲人们来说，都是终生难忘的。

在离别故国的漫长岁月里，无论是顺利的时候，还是受到挫折的时候，故乡、亲人，使他梦魂牵绕，他向亲人们诉说着成功的欢乐和失意的苦闷，有多少次发现醒来却是一场梦。现在，真的要见到分别多年的亲人了，他怎能不兴奋？

在遥远的中国，他的父母和弟弟妹妹们也无时无刻不在思念他。盼望着有一天他能归来和全家人团圆，可是，当时中美两国还未建交，因此，父子只好相约在日内瓦相见。杨武之教授临行之前，全家人恨不能把家里所有珍贵的东西都请他带上，翻箱倒柜地找来找去，有一天，他弟弟忽然找到了一张杨振宁6岁时在鼓浪屿拍的照片。照片上，幼小的杨振宁上身穿着一件黑色翻领的衬衫，下身穿着一条普通的布裤子，一只手拎着帽子，仿佛刚遇到了不高兴的事情，他皱着眉头，撅着小嘴，站在石栏杆前斜视着镜头。

"哥哥一定喜欢这张小时候的照片！"他弟弟望着照片说。

杨武之教授接过照片，笑眯眯地看了看，脑海里立即浮现了久远年代里的情景，笑着摇了摇头说："不要带，不要带，那天我骂了振宁一顿，他很不高兴。"

父子会面后，杨武之教授谈了这个故事，杨振宁听了哈哈大笑。团聚后，

第四篇　故国情深

杨振宁带着妻子杜致礼和儿子杨光诺陪父亲游览了山水秀美的日内瓦城,父子之间互相倾诉了别后多年的思念,分别的时候,杨武之教授坐下来写了这样意味深长的几个字:

致礼
　　留念
　　　振宁
每饭勿忘亲爱永
有生应感国恩宏

1957年8月9日父字

时光如流水般地逝去了。

1962年,杨振宁和父母再次在日内瓦相见。这次会见中,父亲跟他谈了新中国的建设成就和社会风貌。离开中国多年了,因此,父亲的话,许多地方他能理解,也有许多地方他不能理解,于是,父子俩就发生了多次辩论。有一天晚上,父子二人辩论了很久,最后,杨振宁说:"您现在所说的和您几十年以前所教我的不一样。"

"你怎么还没有了解,我正是要告诉你,今天我们要否定许多我从前以为是对的,而实际是错的价值标准。"

虽然,在美国生活了多年,杨振宁对中国,乃至对漂泊海外的华人仍然很有感情。他在《临界点》(1964年)之后记一文中写道:

我渐渐知道了华人在美国的早期经历。那是我们的历史,是浸透了难以用言语形容的偏见、迫害和杀戮的历史。贝蒂·李·宋(Betty Lee Sung)将这一段历史归纳如下:

1878年,特拉基(Truckee)镇的中国人全部被集中起来,赶出了镇。

1885 年，28 名华人在怀俄明州石泉镇被无辜屠杀。还有许多人受伤，数以百计的人被驱离家园。

1886 年，俄勒冈州的木屋镇又发生一起野蛮的屠杀。

玛丽·柯立芝教授写道："在克尔尼主义年代美国居然还有华人活着，这真是个奇迹。"

接着，又产生了 1892 年的吉芮法和 1904、1911、1912、1913 及 1924 年的排华法。这些法律使得在美国的华人社区变成畸形的、与美国社会隔离的、受鄙视的、被剥削的独身男子劳工队伍。我 1945 年来美国的时候，情形依然如此。

他又写道：

60 年代初的一天晚上，我在去布鲁克海文实验室的途中乘火车从纽约去帕乔格。夜已经很深了，摇摇晃晃的车厢里空荡荡的。一位老人坐在我身后，我便和他搭起话来。他是浙江人，大约生于 1890 年前后，旅美已经 50 余年，有时以洗衣为业，有时给餐馆洗碗碟。他没有结过婚，总是一个人孤零零地住在一间屋子里面。他对人显然十分友善。我心里想，难道这意味着他没有痛与恨？车到贝肖，老人蹒跚地顺着灯光惨淡的过道走到车尾，颤巍巍地下了车。看着他那被岁月压弯了的脊背，我心里充满了悲哀和愤怒。

杨振宁接着写道：

诚然，有不少因素使我裹足不前。可是我也知道，美国社会对我很宽待。我来美国时是根基很好的学生，是这个社会给了我发挥潜力的机会，我知道世界上没有别的国家对移民如此宽待。我也认识到，我在这儿的根几乎在不知不觉之中就已经往深处扎了。

第四篇 故国情深

1961年初,有一天,他在电视里观看肯尼迪就职典礼。罗伯特·弗罗斯特应肯尼迪的邀请,上台朗诵了一首诗:《彻底的礼物》。杨振宁听到:

> 占有我们尚不为之占有的,
> 被已不再占有的所占有。
> 我们所保留的使我们虚弱,
> 直到发现正是我们自己,
> 我们拒绝给予我们生活的土地,
> 于是在投降中得到了新生。

听到这里,似乎有什么东西撞击了他的心灵。后来,他找到了这首诗:"它确实很美,很有力量。它在我申请入美国籍的决心里起了一些作用。"

3年以后,他加入了美国籍。

他这样诉说了自己当时的心情:

> 从1945年至1964年,我在美国已经生活了19年,包括了我成年的大部分时光。然而,决定申请入美国籍并不容易。我猜想,从大多数国家来的许多移民也都有同类问题。但是对一个在中国传统文化里成长的人。做这样的决定尤其不容易。一方面,传统的中国文化根本就没有长期离开中国移居他国的观念。迁居别国曾一度被认为是彻底的背叛。另一方面,中国有过辉煌灿烂的文化。她近100多年来所蒙受的屈辱和剥削在每一个中国人的心灵里都留下了极深刻的烙印。任何一个中国人都难以忘却这100多年的历史。我父亲在1973年故去之前一直在北京和上海当数学教授。他曾在芝加哥大学获得博士学位。他游历甚广。但我知道,直到临终前,对于我的放弃故国,他在心底里的一角始终没有宽恕过我。

杨振宁虽然入了美国籍，可是，正如他的挚友、美籍物理学家聂华桐所说："他对自己的根从来没有忘记过，他身在美国，心里对中国的情形是非常记挂的，他一直关心中国各方面的发展。"

事实也确实如此。1971年春天，他从报上看到，自1949年以来冻结了的中美关系显出了融解的迹象，美国国务院解除了美国公民不能到中国旅行的禁令后，他想："重见我的故乡，重见我的家人、亲戚、老师和朋友们的机会来了。我迫不及待，因为我怕刚刚打开一条小缝的门，很可能由于越战和亚洲不断变化的地理政治形势而在几个月内又会被重新紧闭起来，我于是向巴黎中国大使馆申请签证。"

故乡和亲人们也在翘首以待，急切地盼望着他的归来。

第五篇　走出象牙塔

17载时光仿佛瞬间，杨振宁在普林斯顿静静的密林里，度过了一生中最宝贵的年华，也是做科学研究的黄金时代。

1965年的春天来了，有一天，他忽然接到一个长途电话。电话是托尔教授打来的，他是一位理论物理学家，他在电话里问杨振宁说："我想来看看你，可以吗？"

"很好。"杨振宁说。

过了两天，托尔来了。他告诉杨振宁纽约州成立了一所新的大学。名叫纽约州立大学石溪分校，托尔说他已经接受了校长的位子，即将上任，他很希望杨振宁能到那边去当教授，协助他把石溪建成为一座高水平的、研究气氛很浓的大学。

"请允许我想一想好吗？"杨振宁说。

"好的。"

普林斯顿高等研究所是一座世界驰名的高级研究机构，它不仅和爱因斯坦等巨匠的名字和业绩连在一起，而且是一个最成功的、名副其实的象牙之塔，也是全世界的科学家们向往的学术圣地。尔今，一旦离开它，杨振宁从感情上来说，还真有些恋恋不舍。

考虑了几个星期之后，杨振宁爽快地对托尔说："好吧，我决定接受您的

邀请!"

1966年一个月光溶溶的夜晚,杨振宁怀着依恋不舍的心情告别了普林斯顿密林。

后来,朋友们多次问他说:

"你走出了象牙之塔,是不是后悔?"

他听了总是笑笑说:"不,我不后悔!"

原来,他是抱着开阔新天地的想法走出这座人们仰慕的科学圣地的。

"世界上本来也没有什么象牙之塔,后来是因为有了建造象牙之塔的人,有了他们的创业精神和辛勤劳动,才出现了类似普林斯顿这样遐迩闻名的、令人向往的象牙塔。我从这里走出去,用自己的心血和劳动去建立一座新学府,这跟象牙之塔的重要是不同的,很难说哪件事更重要。"他想。

到了石溪,托尔校长从纽约州申请到特别的计划,成立了理论物理研究所,请杨振宁主持。自那时以来,许多杰出的人物纷纷到石溪工作,有的做教授,有的做研究生或是学生。

有一位名叫李昭辉的韩国教授,曾在普林斯顿和杨振宁共过事,平时,在工作中,杨振宁很欣赏他有深入的、直觉的物理见解;后来,他应邀到石溪工作,7年里,做出了杰出的贡献,不幸的是,李昭辉在一次车祸中丧生,终年只有42岁。缅怀亡友,杨振宁难过地说:

> 他是一位激奋的物理学家,又是易于合作而慷慨大方的同事和朋友。他总是热情洋溢,同时又有清醒的头脑和严谨的作风……昭辉逝世的时候正处于他物理学事业的巅峰。对于前途有些什么奥秘等着大家去发现,他有许多想法……昭辉的早逝是他的家人和朋友的巨大损失,也是物理科学的巨大损失。

1982年6月20日,中国的访问学者和研究生聚会石溪,杨振宁这时已经

在美国生活了 37 年,在这次聚会上,他对在座的中国师生们做了一次热情洋溢的演讲,他说:

> 中国派留学生到外国做研究工作的想法,我想应该算是从 1861 年开始的。那是第二次鸦片战争以后,江苏吴县有一位冯桂芬写了一篇文章,提出"中体西用"这个说法。30 多年以后,即 1898 年,张之洞发表了一篇有名的文章《劝学篇》把它发挥了,变成"中学为体,西学为用"。既然要用西学,所以有派留学生的想法。第一次派留学生来美国,是在 1872 年。

杨振宁在谈了久远年代里发生的故事之后,说:

> 这些都是过去的事了。今天已经没有人再怀疑中国人的脑筋和中国文化是否宜于发展近代科技。

讲到这里,他高兴地说道:

> 新中国尖端科技的一些发展快得举世震惊。中国血统的人在不少领域有了重要的贡献。在美国各个校园里中国研究生读书考试一般都相当好;有不少更是名列前茅。在石溪的校史上,好些系里,有些中国研究生的考试成绩不敢讲是绝后,至少是空前的好。

大家听了哄堂大笑。

他还十分亲切地跟大家谈了学习方法,以及做研究工作时应当注意的问题。

我很高兴中国来了这么多访问学者和研究生，让我代表石溪这边你们所请的客人向各位主人表示谢意；你们在这儿烧饭也不是很简单的，烧了这么多东西给我们吃，我们很感谢！

他的话激起了一阵又一阵热烈的掌声。随后，中美两国科学家和年轻的研究生们坐下来，津津有味地品尝着各种中国风味的美食，开怀畅饮，尽兴方散。

第六篇　建造友谊的桥梁

1964年的圣诞节来临了。香港沉浸在节日的欢乐里。

这一年的圣诞节，对于杨振宁来说，更是不同寻常。12月19日这一天，他满怀久别重逢的巨大喜悦，快步走进了香港火车站的贵宾室。

"呵，振宁！"父母激动地呼唤着他。

"呵，爸爸！妈妈！"杨振宁急匆匆地走到父母的跟前说。

"大哥，你——好！"弟弟杨振汉和妹妹杨振玉也跑过来紧紧地握着他的手说。

"他们（指杨振宁和他的亲人们）的高兴劲儿简直无法形容。见面后5个人就形影不离了，对他们大家来说，这是一个奇妙的圣诞节。"事后，在场的新闻记者报道说。

7年的时光转瞬即逝。杨武之教授身体日渐衰弱，患重病住进了医院。杨振宁听说后十分焦急，1971年7月19日，他从巴黎辗转乘飞机到达上海。他作为第一位访问新中国的华裔科学家，踏上了故乡的土地，曾经说过这样一番话来形容他当时的心情。他说：

"我非常愿意回到离开了26年的祖国，非常高兴地见到了我的老师和朋友。从此开始了我生命中的另一段经历。""了解新中国是激动人心的经历。我毫不怀疑，尼克松总统和夫人以及他们的随行人员一定会有同样的感受。虽然中国仍然贫穷，缺乏物质财富，工业技术也十分落后，但前往访问的人将为其精神所感动。他们会发现,她是最简单,而又最复杂;最年轻,而又最古老的国家。"

新中国对于杨振宁的来访,像欢迎久别重逢的亲人一样诚挚、热烈。周恩来总理特地为他洗尘。有 25 位政府和科研机构的负责人以及科学家参加了专为杨振宁的来访举行的盛宴。喜气盈盈的宴会进行了长达三个多小时,宴会以后大家又坐下来交谈了两个多小时。周总理用满含着亲切、探询的炯炯目光望着欣喜不已的杨振宁,说道:"我很想多了解一些有关美国的情况,你能不能谈谈关于学生运动、大学改革、黑人运动、失业、选举等方面的情况。还有,很想听听美国对日本的态度。"

杨振宁一一做了回答。

几天以后,杨振宁又离别了故乡和亲人,踏上了跨越重洋的遥远路途。在新中国访问的短短一个月里,在上海,他怀着振奋的心情参观了复旦大学、生物化学研究所和生理研究所;在北京,他兴致勃勃地重游了青少年时代度过美好岁月的北京大学、清华大学,看到和听到了人们为新中国科学和教育事业献身的许多动人故事。他感慨地说:"1971 年我到中国之后,给了我非常深刻的印象,因为我知道 1945 年的中国是什么样子,拿 1945 年的中国跟 1971 年的中国相比,差别是非常大的。"

回美国之后,他下了决心——在中美两国人民之间,做一个不懈的使者,以增进两国人民之间的了解和信任。他心想:"自己对于中国、美国都有一定认识,对两国都有深厚的感情,因而,我有责任帮助建立一个中美之间了解和友谊的桥梁。"

1973 年 5 月 12 日,杨武之教授长辞人世,在这位爱国老人 77 年的生命历程中,经历了惊天动地的历史演变,青年时代他曾经向往的那个走向繁荣昌盛的新中国,他亲眼看到已由毛泽东领导的中国共产党,带领亿万民众实现了。一年之前,杨振宁归来探望父亲的时候,杨武之教授虽然已经缠绵病榻,他还是怀着爱国的深情和儿子谈了许多话,他再三叮嘱儿子要把眼光放远些,要看清历史演变的潮流。他的话对杨振宁产生了很大的影响。杨振宁归来奔父丧时，在华山医院、复旦大学、上海市政府举行的追悼会上，含着热泪说：

"父亲为人纯真谦虚，力争上游，是接触过他的人都有的印象。我小时候受到他的影响而早年对数学发生浓厚的兴趣，这对我后来进入物理学工作有决定性的影响。近两年来，父亲身体日衰。他自己体会到这一点，也就对我们的一切思想和行为想得很多。归结起来他再三要我把眼光放远，看清历史演变的潮流，这个教训两年来在我身上产生了很大的影响。"

1973 年的 7 月 17 日下午，中南海碧波荡漾，鸟语花香。一辆小汽车穿过绿荫覆盖的柏油路，在一座古色古香的四合院门前停住了。杨振宁在鬓发如银的物理学家周培源教授的陪同下走出汽车，穿过一个庭院，走进了毛泽东主席的书房，两个人刚在沙发上坐下来，周总理就走了进来。周总理这时虽然已经面带病容，而且瘦弱憔悴，但是，见了杨振宁还是很高兴，大家谈笑了不一会儿，毛主席就迈着缓缓的步伐走来了。杨振宁见毛主席走来时，他赶紧迎上去，两只手紧紧地握着毛主席的手，两人笑着互相凝视着对方，有好一会儿才坐下来谈话。

见到毛主席以前，杨振宁就读过毛主席写的许多文章和诗篇，他写道：

> 中国历史悠久，而且她一向看重写历史。从毛主席的"选集"和他的诗篇中便可以看出，新中国的诞生与成长在人类历史上的意义是他旦夕不忘的。1963 年 1 月他写了一首题为《和郭沫若同志》的词，里面有这样的词句："一万年太久，只争朝夕"。

现在，一旦真的见到了毛主席，而且是和这位举世闻名的无产阶级领袖面对面的谈话，杨振宁的心情是很兴奋的。谈话开始的时候，杨振宁有些听不太懂毛主席的话，因为毛主席讲起话来带有很重的湖南口音，过了大约 15 分钟，聪明的杨振宁已能毫不费劲地听懂毛主席的话了。原因是他已经完全弄清了毛主席讲话的语调。

他发现，毛主席很健谈，谈了一个又一个中国古代的哲学家——老子、庄子、墨子等的故事，以及他们对自然科学的态度，还谈起了近代科学，尤其是物理学。谈到了量子力学，对于什么是光子、质子可分不可分等各国物理学家正在探讨的问题，毛主席都很关注。

"对质子可分不可分的问题，现在各国的研究有什么进展吗？"毛主席问道。

"据我们的了解，还没有达到可以下结论的程度，目前大家正在向这个方向努力。"杨振宁说。

"噢。"毛主席停了一会儿，又问："1956年你和李政道发现的宇称不守恒定律，是不是可以这样简单地说：宇称也守恒，也不守恒？"

杨振宁微笑着点了点头，说："是的。这是一个很好的描述。"

一个多小时的时光悄悄地流逝了。

分别的时候，杨振宁站起来走到毛主席的面前同他告别，毛主席似喜又有些抱歉地对他说道："我很高兴你在科学方面对世界有些贡献。我自己也很希望能够给世界一点贡献。但是，我没有能做到这一点。"

这是杨振宁第一次，也是最后一次见到毛主席，3年以后，毛主席便与世长辞了。周总理也永远地离开了人世间。噩耗传到大洋彼岸，杨振宁和遥远中国的亿万人民一样沉浸在深沉的哀悼中。

1976年1月18日，美国东海岸各界人士聚集在一起举行了追悼周恩来总理的大会。这一天，杨振宁怀着十分悲痛的心情，向到会的华侨、留学生、中国血统的华裔和美国人士等共1 000多人致悼词说：

周恩来总理和我们永别了。

……我们相信周总理的伟大就在他的无私的、坚强的、始终不渝的为人民服务的精神。

他用低沉的声音介绍了周总理的生平之后，又说：

第六篇　建造友谊的桥梁

1949年毛泽东主席宣布中华人民共和国成立。毛主席说:"中国人民站起来了!"任何有血有肉的中国人都会了解这句话的历史性意义。周总理从中华人民共和国成立以来,一直担任总理的职位,到今天共计26年。在这26年之间,他不但领导了中国政府的行政,而且在国际外交上做了许多意义重大、影响深远的工作。

他贡献了他的一生,无私地为人民服务。

我们可以说:

这一个伟人的一生的历史,

就是新中国的孕育的历史,

就是新中国的诞生的历史,

就是新中国的成长的历史。

他是中国人民的英雄。

……

最后,他悲悼说:

遵照周总理的遗嘱,他的骨灰将被撒在中国的山川土地上。他的身体将永远散布在一个伟大的国家的每一个角落。他的精神将滋长在一个伟大的民族的精神里面,是这个民族的永恒的榜样。

20世纪70年代后期,中国历史上接连发生了许多重大事件,共和国的老一辈革命家相继辞世,"四人帮"逞凶一时,笼罩在中国上空的乌云被驱散后,中国历史掀开了举国致力于建设的新篇章。杨振宁虽然远在大洋彼岸,但他时时都在关注着中国的变化。终于,中美两国之间开始了友好往来的新时期。1979年,他欣喜地听说邓小平副总理将要访问美国。

这是新中国历史上,第一次对美国进行国事访问的国家元首,全美的华人一片欢腾。他们为了庆贺长期以来中美关系冰雪消融,为了用自己的行动增进中美两国人民之间的友好情谊，人们奔走相告，互相商量着，如何热烈、隆重地欢迎邓小平副总理的到来。

1月30日晚上，全美华人协会、全美各界华人和美中友协在华盛顿联合举行盛大宴会，隆重热烈地欢迎邓副总理。

在中美两国之间建造友谊的桥梁，是多少华人世世代代的梦想，眼看这梦想真的变成了现实，怎能叫人不激动，不兴奋呢！在喜气盈盈的宴会上，杨振宁代表全美华人协会和全美各界华人致词，谈了自己的，也是大家共同的心愿。在这个美好的夜晚，他怀着赤子般的真挚感情，向来自遥远故国的亲人们和在座的各位来宾诉说了自己无比喜悦、兴奋的心情。他说：

邓副总理，邓夫人，各位贵宾：

我代表全美华人协会和全美各界华人热烈欢迎你们光临这个宴会！

为了写今天这个短短的讲词，我花了很多的时间，稿纸一张一张地都被送到字纸篓里面去。这使我想起40多年前的一个类似的经验。那时候我在北京崇德中学初中念书。为了参加中山公园里面的初中生演讲竞赛，记得我非常紧张。好几个晚上不能睡觉。我的讲题是《中学生的责任》——那是"一二·九""一二·一六"的时代。

（讲到这里，他非常高兴。）

中美建交和邓副总理的访问是近代史上的分水岭性的发展。国际关系从今开始了新纪元。美中两国的学术、文化和商业旅游等一切交流都将大大扩展。

（他展示了中美关系解冻后的美好前景，望着在座的华人和从大洋彼岸来的亲人们。）

当然，这样一来，往后我们全美华人家庭团聚的机会也将大大增加。

（一阵热烈的掌声。）

第六篇　建造友谊的桥梁

　　邓副总理，您的光临使得在座的 500 位主人每人都感到他自己也在中美建交这个划时代的历史事件中尽了少许的力量，也在美中两大民族间的友谊桥梁的建筑工程中放上了几块小小的基石！

他还在会上很动感情地追溯了到美洲去的华人们的创业史。他说：

　　我们在美华人有 150 多年的历史。这 150 多年间曾经经过血泪的、沉痛的经验，也曾对美国社会的发展做出了巨大的贡献。横贯美洲大陆的铁路干线的修建就同时是我们血泪史和巨大贡献的例子。今天美华人士继续我们对美国社会发展的贡献。我们散居全国各地。这些年来我有机会和各地华人社会做了广泛的接触。我知道得很清楚，绝大多数美籍华人都是热烈地支持中美建交的。

　　我们深知因为我们同时扎根于中美两大民族的文化，我们对增进两国间的友好和了解肩负着特别的责任。在今天这个场合，全美华人协会和全美各界华人重申我们将继续为建造两大民族间的友谊桥梁尽我们每一个人的责任。我们知道没有这座桥梁，世界不可能有真正的和平与安定。

　　杨振宁这番话完全是肺腑之言。多少年来，他都在虔诚地祝愿中美两国之间能架起世代友好的桥梁。他尤其希望中国进步，希望中华民族早日以富强的雄姿屹立于世界先进民族之林，他的这个心愿也是亿万海外华人真切的意愿。因此，对于中国科学技术的进步他很关切。每次来中国访问，他都同中国科学家们讨论、切磋。1978 年夏季他来访时，正值全国热烈向四个现代化目标大步迈进。这一年的 7 月 21 日，他赴拉萨途中飞至西藏墨脱县境内，雅鲁藏布江大转弯的焦点处，从飞机的舷窗里俯视高度 7 750 余米的木卓巴尔山，顿时，他周身的热血沸腾起来，一座比欧非美澳各洲任何一个山脉都要高的雪山奇景尽收眼底。他心潮翻涌，即兴赋诗歌咏道：

> 玲珑晶莹态万千，雪铸峻岭冰刻川；
> 皑皑逼目无边际，深邃凝静亿万年。
> 尘寰动荡200代，云水风雷变幻急；
> 若问那山未来事，物竞天存争朝夕。

一个月的访问结束了。这一年的 8 月 21 日，他又怀着依依惜别的心情回美国去了。上飞机以前，在机场上，他紧紧地握着前来送行的张文裕教授的手，说道："我今天很高兴能送给你这本画册，特别是，我在上面还写了几个字。"

张文裕教授当时正在国内带领一大批科学家和工程技术人员领导中国第一台高能加速器的建造工程，他笑吟吟地接过了画册，掀开一看，杨振宁在扉页上写的是："文裕师：我以十二万分的诚意，祝贵所建成新的实验基地，在如此多娇的江山上加开一丛红花，我将继续尽我的能力协助你们的工作！"

飞机在巨大的轰鸣声中腾空而起，呼啸着飞上蓝天穿云过雾而去，张文裕教授望着远去的飞机，耳边又响起了杨振宁热心的话语，他说："发展高能物理要注意过好'三关'，一是建造加速器关；二是需要培养一大批高水平的科研人员；第三关是要使理论和实验相结合，要能做出第一流和第二流的物理研究成果。"

1983 年春天，杨振宁教授在风光旖旎的香港中文大学校园里，参加了这个大学 20 周年校庆的日子，回顾了自己读书教学长达 40 年的历程后说："去年 9 月我 60 岁了。古人叫耳顺之年。有机会回想一下我念物理、做研究工作、做教师的经验。我觉得我是非常非常幸运的。"他说："我的读书经验大部分在中国，研究经验大部分在美国，吸收了两种不同教育方式的好的方面。又很幸运的，我能够有机会在象牙之塔内工作了 17 年，现在在象牙之塔外也工作了 17 年。回想一下，我给自己一个勉励：应当继续努力。"

如今，杨振宁教授虽然已经过了花甲之年，但他仍然孜孜不倦地工作着。物竞天存争朝夕，正是这位蜚声国际的著名物理学家数十年如一日奋斗不息精神的写照。

2017年，杨振宁教授放弃美国国籍，成为中国公民并成为中国科学院院士。他在耄耋之年做出这样的选择，实属不易，但绝非偶然。

为表彰李政道、杨振宁的科学成就，以及他们对中国科学及教育事业所做的卓越贡献，中国紫金山天文台以他们的名字命名所发现的两颗小行星。

眼下，国际永久编号为3421的杨振宁星以及国际永久编号为3443的李政道星，正日日夜夜在浩瀚的宇宙运行着，闪烁着。

篇外篇

1. 灵台无计逃神矢
——回忆采访杨振宁教授

2017年听闻著名物理学家杨振宁放弃美国国籍，成为中国公民并正式成为中国科学院院士。得知这个令人兴奋的消息，不禁回忆起与杨振宁教授交往的一些往事，我认为他在晚年做出这样的选择，实属不易，但也绝非偶然。

我与杨振宁教授相识并采访他，是20世纪80年代之后。当时，我国正酝酿建造北京正负电子对撞机，我进入这个领域采访后，听科学家们说，华裔科学家的3位诺贝尔奖获得者都在高能物理领域，他们是杨振宁、李政道、丁肇中。

听了上述议论，我决定对3位科学家先进行侧面采访。

1979年12月22日，一个寒风呼啸的早晨，我登门采访了据说是李政道、杨振宁的老师——著名物理学家张文裕教授。他对我讲述了受我国政府委派去瑞典劝说他俩获奖后回国工作的经过。

"我不是李政道和杨振宁的导师，我只是在昆明西南联大教过物理，他们那么大的成就和名气，我怎么可能是他们的导师呢？"一见面，张文裕就谦逊地对我说。

张文裕说："1956年杨振宁和李政道提出的在弱相互作用下，宇称是不守恒的理论，被华裔女科学家吴健雄所做的试验证实了。当时我正在苏联杜布纳联合核子研究所工作,李政道、杨振宁获奖时,他们都没有加入美国国籍,国内给我打电报,要我去瑞典,一方面祝贺他们获奖,同时争取他们回国工作。"

张文裕向杨振宁和李政道转达了周总理的意思,希望他们能回到国内工作。他们都表示,非常感谢祖国对他们的关心,他们还年轻,争取在国外再工作一段时间,过一段时间就回来。

1958年在日内瓦召开了国际高能物理会议,国内又派张文裕做李政道、杨振宁的工作。

由于当时一些客观原因,杨振宁当时虽然没有回来,但他对国内的事情依然很关心。

采访中,张文裕还多次提到杨振宁的父亲杨武之教授。1957年,杨振宁在日内瓦见到了久别的父亲杨武之。分别时,杨武之教授给他写了这样几个字:每饭勿忘亲爱永,有生应感国恩宏。

1973年杨武之教授与世长辞。前一年,杨振宁归来探望父亲时,杨武之教授虽然已经缠绵病榻,但他还是怀着爱国的深情和儿子谈了许多话,再三叮嘱杨振宁要把眼光放远些,要看清历史演变的潮流,希望他早日归来。

虽然由于种种原因,杨振宁迟迟未归,但他从未忘记自己的根。在1957年诺贝尔奖颁奖典礼上,他曾这样说:"我虽然献身于现代科学,但对我身上所承受的中国传统和背景,引以为自豪。"

1971年7月19日,杨振宁作为第一位访问新中国的华裔科学家,曾讲过这样一番话。他说:"我非常愿意回到离开26年的祖国,非常高兴见到了我的老师和朋友,从此开始了我生命中的另一段历程。"

他说:"了解新中国是激动人心的经历,中国仍然贫穷,缺乏物质财富,工业技术也十分落后,但是,前往访问的人将被新中国的拼搏精神所感动,他们会发现,她是既简单而又最复杂,既年轻而又最古老的国家。"

1973年7月17日下午,杨振宁在中南海见到了毛主席。会见中,他发现毛主席很健谈,谈了一个又一个中国古代的哲学家——老子、庄子、墨子等的故事，以及他们对自然科学的态度。还谈了近代科学尤其是物理学，谈到了量子力学，以及什么是光子、质子可分不可分等各国物理学家正在探讨的问题。这是杨振宁第一次也是最后一次见到毛主席。3年以后毛主席与世长辞。

在访问的一个多月的时间里，杨振宁重游了自己度过青少年时代的北京大学和清华大学，他感慨地说："1971年我回到中国之后，留下了非常深刻的印象，因为我知道1945年的中国是什么样子，拿1971年的中国跟1945年的中国相比，差别是非常大的。"回美国之后，他决心在中美两国人民之间，当一名不懈的使者，以增进两国人民之间的了解和信任。

1976年1月8日，周总理永远地离开了我们。噩耗传到大洋彼岸，杨振宁非常悲恸。

1976年1月18日，美国东海岸各界人士聚在一起举行追悼会，杨振宁向与会的1 000多位华侨、留学生、美籍华人以及美国人士致悼词。他在会上哽咽着说："周恩来总理和我们永别了，他奉献了他的一生，无私地为人民服务，他是中国人民的英雄。"

最后，他深情地说："遵照周总理的遗嘱，他的骨灰将被撒在中国的山川大地上。他的身体将永远散布在一个伟大的国家的每一个角落。他的精神将滋长在一个伟大民族的精神里面，是这个民族永恒的榜样。"

杨振宁虽然远在大洋彼岸，却很关注中国的变化。每次回国访问，他都把世界上最先进的科学技术成就带来。

20世纪80年代，张文裕教授带领一大批科学家和工程技术人员准备建造中国第一台高能加速器（北京正负电子对撞机）。杨振宁很关心这项工程，并尽力协助建造。他对张文裕说："发展高能物理要注意三方面问题：第一关是建造加速器；第二关是需要培养一大批高水平的科研人员；第三关是使理论和实验相结合。要能做出第一流和第二流的物理研究成果。"

1978年8月21日，杨振宁在中国访问后，在机场准备回美国之前，紧紧握住前来送行的张文裕教授的手说："我今天很高兴能送给你这本画册，特别是我在上面还写了几个字。"

1980年夏天，我随中国高能物理代表团到美国和欧洲的各大加速器中心访问。访问结束后，我又随代表团到欧洲核子研究中心访问。当时，杨振宁正在那里做访问学者。他热情地陪我们参观。

20世纪80年代中期，我在国家科学技术委员会采访时，听一位负责人说："杨振宁说，国内对于科学家的宣传报道太不重视了。他问过北京大学物理系毕业的大学生，你认识邓稼先吗？那位毕业生竟说，从未听说过邓稼先这个名字。邓稼先对国家做出了那么大的贡献，学习物理的大学生竟然连他的名字都没有听说过。"

听了上述一番话，我立即着手采访邓稼先，最后写出了《"两弹元勋"邓稼先》这篇通讯，新华社播发后，被国内外报纸广泛采用，现在想起来，这应当感谢杨振宁教授。

1987年10月的一天，我接到国防科工委的电话，电话中让我务必于次日下午到北京八宝山公墓陪同杨振宁，为不久之前我报道的"两弹元勋"邓稼先扫墓。

那天，我如期而至，同时前往扫墓的还有宋健、周光召以及国防科工委负责人伍绍祖等，邓稼先的夫人许鹿希也去了。

那天杨振宁身穿白色风衣，黑色西装，他眼含着热泪，向少年时的同学、好友邓稼先的骨灰盒深深地鞠了三个躬。祭奠以后我们大家合影留念。

杨振宁是位很重感情的科学家。在这之前，在北京301医院邓稼先的病房里，我目睹了两位科学家生离死别时的感人情景。我在一旁见杨振宁俯身在病榻前，紧贴着邓稼先苍白的面孔，屏声敛气地聆听他奄奄一息时的临终嘱托。

早在北京崇德中学读书时，杨振宁和邓稼先就是同窗好友。后来，又先后到美国留学。新中国成立后，邓稼先毅然归来，先后参与研制了中国第一颗原子弹和氢弹。

那天，和杨振宁教授打过招呼以后，我走到邓稼先病榻前，把刊登有我

写的《"两弹元勋"邓稼先》一文的《瞭望》周刊,亲手交给了邓稼先。

"谢谢你,谢谢你!"邓稼先用冰凉的手和我握手说。在这同时,我还把我写的有关杨振宁教授的长篇传记——《物竞天存争朝夕》交给杨振宁,请他审阅。

那是一个炎热的下午,而且又是在医院的重症病房里,杨振宁接过稿件后,立即聚精会神地看起来,不一会儿,他把未做任何改动的稿件退给我,表示同意发表。

随后,他把刚刚在香港出版的《读书教学四十年》一书送给我。

最后,他把邓稼先从病床上扶起来,和我们大家照了很多照片。不久,邓稼先便溘然长逝了。

2. 关于争取李政道、杨振宁回国工作的一段往事

张文裕是我进入高能物理领域采访后结识的第一位著名科学家。20 世纪 70 年代末,因为我国酝酿建造第一台高能加速器,而张文裕教授又是工程的总负责人之一,我必须及时地报道工程的进展情况,因此经常出入他的办公室和他的家中。1980 年,他作为中国高能物理代表团的负责人之一,我作为随团记者,在欧美各国访问时,更是朝夕相处,他对我讲述他的经历,尤其是周总理派他去做争取李政道、杨振宁回国工作的情景,至今记忆犹新。

1979 年 12 月 22 日,北京寒风呼啸,地冻天寒。这天上午,我来到北京三里河南沙沟张文裕教授的家中,见面后,满头银发的张文裕教授嘻嘻笑着请我在沙发上坐。他的老伴、著名理论物理学家王承书端来茶水招待我。

寒暄过后,这位浪迹天涯,足迹遍及欧美各大加速器中心的物理学家用带有福建口音的普通话对我讲述了他的经历,以及他与李政道、杨振宁交往的诸多往事。

他陷入了对往事的回忆:

"1957 年物理学有很大的进展,王承书(张文裕夫人)和我于 1956 年从美国回国以后,她接到她的老师乌伦贝克(电子自旋理论的创始人)教授的来信,信中说,李政道和杨振宁取得了很大的成就,他们提出的在弱相互作用下,宇称是不守恒的理论很快就被吴健雄(华裔物理学家)所做的实验证实了。因此,大家都说 1957 年是中国物理年。见到来信,我立即打电报祝贺了他们。"

张文裕说,李政道、杨振宁获诺贝尔奖时,还没有加入美国国籍。当时,他正在苏联杜布纳联合核子研究所工作。国内给他打电报,让他去瑞典,一方面祝贺李政道、杨振宁获奖,同时争取他们回国工作。

张文裕说:"1957 年 12 月初,我从莫斯科乘飞机去斯德哥尔摩,到瑞典的中国领事馆一打听,台湾(方面)已经派人去了,是从英国派中央日报的

记者去的,和我住在同一个旅馆里。李、杨何时到达斯德哥尔摩,瑞典方面保密。"

8日,李政道由丹麦乘飞机到达斯德哥尔摩,杨振宁另道抵达瑞典。

张文裕说:"尽管授奖活动的日程安排得很紧张、很忙,李政道和杨振宁还是抽时间到旅馆里看望了我,并且邀请我参加授奖典礼和瑞典皇家科学院为他们举行的盛大宴会。"

因为有台湾地区代表参加,张文裕没有出席授奖典礼,为此,杨振宁和李政道又特地到旅馆里来看望了张文裕,并且带来了照片,说:"你看,这两个座位是给你和中国大使留的!"

过后,张文裕参加了瑞典皇家科学院为李政道、杨振宁获奖举行的宴会。

谈完以上往事,张文裕教授又对我谈了当年他受中国政府的委派争取李、杨回国工作的经过。他说,他向李政道和杨振宁转达了周总理的意思,希望他们能回到国内工作,他们听了很感动,两人都表示很感谢祖国的关心,说他们还年轻,再争取在国外工作一段时间,到一定的时候再回去。

"听说国内各方面规矩很多,我们回去不知道能不能习惯?"李、杨担心地问。

谈到这里,张文裕的神情有些黯然,他说:"1958年在日内瓦召开高能物理会议,国内又派我和王承书做李、杨的工作。见面后,他们对我和王承书依旧很热情,但是,当提到回国的事情时,明显地不像一年前那样热情了。"

张文裕还回忆说,当时,中国驻日内瓦大使馆请李政道、杨振宁吃饭,他们也来了。张文裕说:"在那次宴会上,我还见了奥本海默教授(美国著名物理学家),他对我也很热情,我请他动员李政道、杨振宁回国参加建设,奥本海默也欣然答应了。"

张文裕还说,李、杨的民族自尊心很强。有一次,他们参加一个救济第三世界国家、帮助发展核能和平利用问题的会议,听着听着,他们实在听不下去了,半路上跑了,退出了会场。因为会议的报告把第三世界(包括中国)说得落后得不得了,李、杨听了很生气,会未开完,他们就中途愤然退场了。

采访中，张文裕还多次谈到杨振宁的父亲杨武之教授。他说："杨武之教授是1928年考取公费赴美国留学的，是我国早期著名的数学家，他有很强的民族自尊心，很爱国。杨振宁获得诺贝尔奖之后，他曾让我给杨振宁带信，信写得很长，叫杨振宁回国。"

张文裕教授最后说，李政道、杨振宁获得诺贝尔奖后虽然没有回国工作，但多年来，他们时时都在关注着中国发生的一切，并且尽力帮助中国培养科技人才，促进科学技术进步。

广州粒子物理理论讨论会
(左起：彭桓武、李政道、周培源、杨振宁、朱洪元)

3. 华裔物理学家的盛会

广东从化温泉，流溪河畔，山清水秀，莺啼燕啭。20世纪80年代的第一个春天降临岭南。

1980年1月里的一天，出席广州粒子物理理论讨论会的科学家们，从五湖四海走到一起来了。

这年的1月4日傍晚，从海外来的科学家们从广州驱车前往从化，李政道教授和夫人秦惠䇹首先上了车；随后，杨振宁教授也满面春风地走上车来，两位科学家见面后，互相握手问好，他们同其他科学家，一路上说说笑笑来到从化。先期到达的中国科学院负责人和科学家周培源、钱三强、张文裕、赵忠尧、彭桓武等，在住处的门前迎候他们。海内海外，新朋老友，欢聚一堂。见面后，科学家们连连兴奋地说："难得难得！"他们之中，有国际上著名的科学家，更多的是后起之秀，其中有的是父子、兄弟，还有师生、同学或校友。其中，最年长的是周培源教授，最年轻的是28岁的研究生钱思进①。若以师生关系论，可以说是"五代同堂"了。

从1月5日到10日召开的广州粒子物理理论讨论会，是新中国成立以来、粉碎"四人帮"以后召开的首次粒子物理科学家团聚的盛会。参加讨论会的有来自美国、英国、德国、澳大利亚、马来西亚、新加坡的近50位华侨、华裔学者，其中包括李政道教授和杨振宁教授。以及国内各科研单位、高等院校的100多位科学家和研究工作者。据这次讨论会主办单位的粗略统计，应邀赴会的华侨、华裔学者，约占海外中国血统的粒子物理理论工作者的70%，可以说，这是中华民族粒子物理理论工作者的一次空前盛大的聚会。

会议经过协商，组成了顾问委员会，他们是（按姓氏笔画为序）王淦昌、朱洪元、张文裕、李政道、周培源、杨振宁、胡宁、钱三强、彭桓武。

---

① 钱三强之子。

就在几个月前，李政道教授在北京科学会堂讲学，取得了巨大成功。今天，他又飞越大洋归来赴会。李政道穿着件浅黄色灯芯绒的西装上衣，神采奕奕，谈笑风生。看上去，不像是已年逾五旬。

在风景如画的从化温泉流溪河畔，来自海内外的科学家们下榻在绿树掩映的别墅里，他们每天聚在一起开会，讨论粒子物理科学的现状和未来，到处充满了欢声笑语。

开幕式由钱三强教授主持。周培源教授在会上讲了话。他说，40多年来，粒子物理学已经取得了重大的成就，并且正在不断发展。但是，要彻底解决研究中提出的问题，还需要做艰巨的努力。这次会议的主要任务是介绍粒子物理理论研究工作中的最新进展，包括规范场论、量子色动力学、强作用的现象性理论、引力理论、大统一理论、新粒子等。同时，探讨一些新的研究课题。通过讨论会加强海内外学者的联系和学术交流，提高中国粒子物理理论研究的水平。

开幕式后，由李政道教授担任主席。首先，由朱洪元教授做报告，他报告的题目是《关于层子模型的回忆》。下午2时开始的讨论会，由张文裕教授担任主席，李政道教授做报告。他报告的题目是《量子色动力学与强子的口袋模型》。

5日晚上，中国科学院为欢迎与会的科学家举行了盛大酒会。会上，科学家们纷纷举杯邀友，叙旧谈新，直至夜深。

钱三强教授在祝酒时说："今天是老朋友、新朋友的一次团聚，也是中华民族粒子理论学界的一次联欢。有这么多学者、专家和女士们、朋友们远道而来出席这次讨论会，交流粒子理论研究方面的进展和成就，真是不亦乐乎！"

在一片热烈的掌声中，李政道教授兴致盎然地走上了主席台。他兴奋地说：

这一次能够参加这样一个空前的盛会，深深觉得荣幸和兴奋。

尤其是对国内现在的发展，觉得高兴和骄傲。我相信在场的，尤其是从海外来的同行们一定都有此感。

近年来，有一个几乎是众口皆谈，经常讨论的问题，那就是国内科学工作省的年龄分布，趁这一次会议的机会，我做了一个很粗糙的统计——

（谈到这里，他当场在黑板上画了一个图。）

下图的横标是年龄，纵标是人数，这人数是指参加这次会议的所有的学者，不分海内外。

这个年龄分布的确是很特殊的。可是，我们可以问这特殊的原因何在？那么各位一定会发现从海外来的学者，大多数的年龄是在40~50岁左右。所以在这次会议中，国内学者的年龄分布是正常的，是比较平均的。从海外来的学者的年龄分布，是不正常的，是奇特的。这当然是很自然的现象，因为国内的是主流，而海外来的仅是一小条旁支，没有主流，不会有旁支。

现在，请让我代表海外的支流向主流表示衷心的感谢。向国内各位物理界的前辈们致敬，没有你们的教导，就没有我们的今日。

对国内和我们同年龄级的同行们，谢谢多少年来你们在远地对我们的鼓励和支持。

更感谢所有年轻的学者和同学们，因为有你们的存在，才使我们觉得将来有希望，有意义。

最后，向这次会议的组织委员会、科学院外事局，以及其他工作人员和国内各位学者表示十分的感谢，你们肯包容我们，让我们一起来参加这样的大盛会！

李政道教授这番情真意切的讲话，引起了与会学者的强烈共鸣，他的这番涌动着热爱祖国的情怀，和引人深思的话语，长久地留在了人们的记忆中，它将和南国秀美的从化温泉一样，源远流长。

1980年广州粒子物理讨论会部分与会科学家合影
(左起：钱三强、杨振宁、周培源夫妇、张文裕、王承书、李政道)

在这次科学盛会期间，科学家们在会场上、餐厅里、住所内，深入地讨论学术问题，讨论如何提高整个中华民族的科学文化水平。有的从海外来的科学家，为了赶在做报告之前把自己的论文译成中文，到达广州后做的第一件事就是购买物理词典。有的为了做好学术报告的准备，直至凌晨3点才入睡。

由李政道教授参加的顾问委员会，对这次讨论会的学术水平评价很高。他们说，1980年广州粒子物理理论讨论会，开得很成功。不低于1974年和1977年在日本召开的同类讨论会的学术水平，在粒子物理理论的绝大部分、主要领域中，都有高水平的学术报告，出现了百花齐放的好局面。

在1月8日晚上召开的顾问委员会上，李政道和杨振宁教授认为，通过这次讨论会，发现国内粒子物理方面有工作能力的人，比原来估计的要多，其中有些人能力很强，有一批年龄在40岁左右的粒子物理理论学家很不差。工作的面也比原来估计的要广。中国粒子理论研究工作的发展是可观的。但是，和实验联系比较密切的粒子物理理论工作，还是比较少，大家希望加强这方面的工作。在这次顾问委员会上，李政道和杨振宁教授认为，即将出版的会议论文集，是够国际水平的。会上，李政道教授提出，在这次会上所做的3个实验物理的报告也不错，可以列入论文集。对于这一点，杨振宁教授也表示同意。

顾问委员会自始至终充满了热情、团结的气氛，李政道和杨振宁教授在会上进行了直接对话，人们还特别注意到杨振宁教授曾经两次称呼"政道"，李政道教授也是喜笑颜开地侃侃而谈。

在这次科学盛会期间，钱三强教授倡议开一次赛诗会。科学家们纷纷欣然命笔，赋诗抒情。来自澳大利亚墨尔本大学的卢遂现教授说：听了李政道教授和杨振宁教授开幕那天在大会上的讲话，心情很不平静。因而彻夜诗兴奔涌，即兴赋诗一首：

1980年广州粒子物理讨论会期间,顾迈男请杨振宁教授审稿

> 唐初南昌盛会开，人杰地灵叹诗人。
> 陶然厅上今胜昔，中华民族英姿发。
> 黄帝子孙四海归，涓涓支流入主流。
> 涛涛江水育原野，请君拭目长远看。
> 杨柳纷纷两岸飘，李桃丰实遍群山。

欢声笑语，鸟语花香，荡漾在从化温泉流溪畔静静的春日里。科学家们你一首，我一首，接二连三地登台献诗。

冼鼎昌教授的诗，道出了与会科学家的心声。他在诗中吟道：

> 华裔同行遍四洲，李杨才调擅风流。
> 喜看后学追前辈，盛会纵谈兴未休。

经过6天紧张而热烈的报告和讨论，1980年广州粒子物理讨论会于1月10日下午胜利闭幕。顾问委员会的胡宁教授做了总结报告。他首先列出了一张讨论会的学术报告分类表。在78篇文章中，国内的有44篇、海外的有34篇，从文章的内容看，国内的文章偏重于结构和规范场论，海外的文章则偏重于强作用唯象理论、量子色动力学和规范场论，其他还有弱作用、多重散射、阶化群以及相对论方程、对称性等。

胡宁教授最后说，中国很早就在科学上有许多发明创造，所以科学的根在中国。中华民族在基本粒子物理方面，最大的成就是李、杨的宇称不守恒理论。这是他们两位合作的结晶，祝愿他们继续合作，为世界科学再做贡献。①

---

① 作者根据与会采访笔记以及广州粒子物理讨论会简报摘要整理。

4. 美国哥伦比亚大学物理试验报告："对等性定律的推翻"①

一、前　　言

哥伦比亚大学物理系宣布，在粒子物理学方面，最近的几项试验，已造成极重要的发展。这些试验包括：

①排列中原子核的 β 蜕变——哥伦比亚大学教授吴健雄与全国标准局的安勃乐、海瓦特、何勃斯及哈德逊等人合作完成。

②μ 介子内电子蜕变的不对称角度——哥伦比亚大学迦文博士、雷德曼教授及文澈立先生合作完成。（迦文博士同时为瓦特逊科学试验所高级人员。）

二、意　　义

上述的两项试验，系由哥伦比亚大学教授李政道博士及普林斯顿高等学术研究所杨振宁教授提出。3 篇连续论文的第一篇已经发表，题目是：《在微弱交互作用中对等性是否不变？》。试验的目的，在于对此问题提出决定的答复——对等性不是不变的。从而推翻 30 年来物理论中的一个基本定律。

对等性

对等性的观念，实际虽仅适用在显微（原子及粒子）物理学领域内，但也有它在日常应用上的定义。此间试以如下方式予以解释。

假设你在和另一世界中文明极高的人相来往时，你想知道他们钟表所转的方向是否和我们钟表旋转方向的意义相同——易言之，即他们所说的左右是否就是我们所说的左右。我们一直认为，此一观念的相通，在此种比喻下是不可能的。对于"方向"的观念，没有绝对的及普遍的标准。不过另一世界上的物理学定律也极为良好——纵使他们对左右的观念和我们全然相反。

所谓一个世界根据左手制度另一世界根据右手制度，但具有同样的物

---

① 本报告原刊于《纽约时报》1957 年 1 月 16 日，中国台湾某报纸 1 月 27 日译载，本文有删改。

理学定律，亦即所谓"不变定理"——即左右手制度互易而物理学的定律依然不变。互易就是反射，有如一面镜子上的影像，就是镜子所反射的东西。物理学家们称此种反射为"对等性作用"。反射不变定律或对等性作用，自从1925年起已经在物理学的理论中生根，而成为对物理学定律的严重障碍。哥伦比亚大学的试验，所推翻的就是这一定律。

试验证明，微小粒子——如微中子及介子——具有一种固有的"方向性"。例如，我们现在讲微中子时，应该讲左转微中子或右转微中子。再详言之，这些粒子除具有电荷、重量、旋转等性质外，尚具有类似螺旋性的特性，即具有一定的转动方面，且沿一个轴线或左或右旋转前进。此外尚可以转动的微小粒子与旋转的枪弹相比拟。如果枪弹为完全圆柱形，那就不会有螺旋或"方向性"，因为枪弹的两端已经完全相同。

新的粒子观念，是把粒子与一般的枪弹（一端尖锐）相比拟，头尾形式不同。就其旋转方向而"指向"某一方向的粒子，就称为右转粒子。这样一来，存在我们这世界里的粒子和存在另一世界里的粒子，就可以绝对分出左转或右转；此观念乃与旧观念完全不同。在对等性观念下，任何学说都无法做到这一点区分。李博士及杨博士所提出这套卓越试验，最后乃替粒子的正确及统一学说，打开一途径。李、杨二博士更指出，宇宙全面对等性的学说，仍可予以保留；我们可以假定我们所处的银河系主要是右转性的，极遥远的其他银河系可能是左转性的。这样又可假定遥远的银河系就是假定的反物质——此问题是目前科学家们努力探索的课题。此一学说，已经简单化了我们对宇宙构造的理论研究。

三、理论基础

李、杨二博士在上年暑期内曾指出对等性定律之不尽正确。他们的目的，在于解释布鲁克海文质子加速器和贝克莱质子加速器实验何以会有不同结果。该两个超原子击碎器的实验，都在于研究不稳定的K介子的性质。K介子是在1952年至1953年间发现的粒子。K介子在分裂时，有一种现象好像与对等性定理不合。对等性定律在物理学中已根深蒂固，于是全世界科学家都无法解释 K 介子的疑团；一般想法总认为 K 介子是新发现的粒子，大家对它的知识还不够完备。李、杨二位博士，大胆地提出新见解，在他们划时代的论文中，他们一再追求在核子及粒子放射研究中，如不采取对等性定律，将发生何等结果。他们出乎意外的发现，目前的实验结果，无一项和他们的理论相冲突，有些用为人较熟知的粒子所做的实验，更可产生出有决定性的答案。

四、排列原子核试验

为要发现粒子的"方向性"，将放射性钴-60 的原子核冷却到绝对零度上 0.01 ℃（相当 -273.1 ℃）。在此种温度下，所有热运动都可以不必计算。这时加上磁场，就可以使旋转中的钴原子核大部与磁场平行排列起来，形成一个小磁石。放射性的钴原子核便会放射出电子。比较一下沿旋转方向所放射出的电子数目和相反方向所放射出的电子数目，就可以发现一个决定性的事实。这两个不同方向所放射出的电子数目不同，证明电子发射方向系倾向其旋转的方向——即所谓"方向性"。由相反方向电子放射数目悬殊的现象来看，更可证明与电荷结合不变说相抵触。

介子蜕变

在此实验中，除发现与"电荷结合不变"抵触外，更发现与对等性理论不合的两点。当 π 介子（1947 年后已为人所熟知，一般认为把原子核团结到一起的力量，主要是由 π 介子发生的）分裂为一个 μ 介子和一个微中子时，μ 介子总是向着它运动的方向旋转，直像是一个螺旋，此种"方向性"旋转，全与对等性不合。μ 介子的排列情形，可以从计算放射出的 μ 介子数目查出，也可以从电子数目查出；电子在从母体 μ 介子放射出以后，也是沿着放射方向循着 μ 介子的方向旋转。

此项实验尚有一个副产物，即 μ 介子所形成的小"磁石"的强度也可以量出，精确度到 5%。电子的磁性强度，精确度可以量到 0.005%（克斯克曾因此贡献而获诺贝尔奖），但电子数目须有 100 万亿个。但在此项实验中，只有 5 万个粒子。排列好的 μ 介子，对极弱的磁场也有敏锐的感应，在测查原子及原子核内磁场或原子间的磁场时，这将是一项极有用的工具。

后一实验，是与（美国）海军研究室和（美国）原子能委员会合作，在哥伦比亚大学的尼威斯回转磁谐加速器实验所完成的。

研究人员名单
李政道　哥伦比亚大学物理学教授
杨振宁　普林斯顿高等学术研究所物理学教授
吴健雄　哥伦比亚大学物理学副教授
安勃乐　华盛顿全国标准局物理学家
海瓦特　华盛顿全国标准局物理学家
何勃斯　华盛顿全国标准局助理
哈德逊　华盛顿全国标准局系主任
雷德曼　哥伦比亚大学物理学副教授
迦　文　现在哥伦比亚研究，瓦特逊科学试验所高级研究员
文漱立　哥伦比亚大学研究院研究助理

后 记

《李政道与杨振宁》一书，是在《炎黄之光》一书的基础上改写的。书中大部分内容都经李、杨二位教授阅改过。

在新的版本问世之际，我要感谢方毅同志，感谢李、杨二位教授，郭曰方、李家祥以及中国科学院国际合作局的有关同志，都曾大力协助，在此一并致谢。

我尤其要感谢广东高等教育出版社总编辑黄红丽女士，是她极力主张并鼓励我，使尘封多年的书稿重见天日。

顾迈男

2020 年 9 月于北京